Journal
d'un maire de campagne

Du même auteur

Les Chemins du luxe, Grasset, 1996.
Portraits en clair-obscur, Balland, 2003.
Roger Salengro, Chronique d'une calomnie, Balland, 2004.
Luxe, Cherche Midi, 2008.
Luxe Trotter, Cherche Midi, 2012.
Les 100 mots du luxe, PUF, 2012.
Argent, fortunes et luxe en Asie, avec Jean-Marie Bouissou, Jonathan Siboni et Max-Jean Zins, Picquier, 2013.
Instants précieux, Allary, 2018.
The Road to Luxury, avec Ashok Som, Wiley, 2021.

Christian Blanckaert

Journal
d'un maire de campagne

PLON
www.plon.fr

92, avenue de France
75013 Paris
Tél. : 01 44 16 09 00
Fax : 01 44 16 09 01
www.plon.fr
www.lisez.com

Mise en pages : Facompo
Dépôt légal : mai 2023
ISBN : 978-2-259-31664-4

Pour Marie-Claire

Préface

Je vous invite à découvrir une aventure.

Je viens vous raconter ce que j'ai vu, connu, vécu, comme maire d'un petit village de Normandie.

Chaque chapitre relate un événement, un bonheur, une surprise, une banalité, une difficulté, un accident, la vie d'un maire. Je suis passé de la contrariété à la sérénité, de l'étonnement à la colère. L'arc-en-ciel des sentiments, impressions, réactions est sans limites. J'ai côtoyé richesse et grand dénuement, appris à me méfier des apparences et à percevoir l'invisible. Ce mandat est original. Les circonstances décident, inattendues, qui vous saisissent au collet.

Gestionnaire et architecte, le maire conduit une communauté fluctuante, dans un contexte d'une rare complexité, souvent seul aux prises avec des lois, des textes, des règlements, qui évoluent au fil du temps.

Aux manettes d'une communauté exigeante, il pilote à vue, mobilisé en permanence, confronté à un ensemble humain aux fragilités insoupçonnables.

Son tableau de bord est sans frontières, il agit dans tous les sens, se renseigne, écoute, apprend, décide, tranche.

Du singulier au collectif, il est à la fois gestionnaire et assistant social, froid quand il le faut, affectif le plus souvent.

Happé par le quotidien, il doit réfléchir au lendemain, à l'avenir et, sans vision, il est perdu. Sans rêves, il perd le cap et risque d'oublier la boussole qui le rappelle à l'ordre.

Impatient, il échoue ; s'il prend le temps, il construit. C'est un maestro du tempo.

Il s'occupe de toutes petites choses et en réalise de grandes, c'est le paradoxe du métier. Ses regrets sont permanents, ses moyens limités, mais il avance, il édifie. Tout ce qu'il réalise se voit, c'est sa récompense.

Mon histoire de maire est peut-être une histoire d'amour. Et, comme toujours, on ne sait comment ça commence ni pourquoi. Un hasard, j'imagine. Cette fois, ce n'est pas un regard, ni un mot ni même une allure, ce n'est pas un coup de foudre, non, rien de tout cela.

Ce n'est pas une histoire d'ambition, ni une question de pouvoir, ou d'argent.

Est-ce l'histoire d'une dette à rembourser ?

Une façon de remercier, de rendre ce qui m'a été donné, ou de voir autrement l'existence, que sais-je ?

Préface

Trente et un ans au service d'une communauté, douze ans adjoint aux maires, dix-neuf ans maire.

Je menais ma vie professionnelle loin du village et j'étais, par ailleurs, « maire à tout faire ». Un autre métier.

Comme un médecin généraliste, spécialiste des traitements, j'ai appris à faire un diagnostic, écouter, comprendre et agir. Le temps fut à la fois mon meilleur allié et mon pire ennemi.

C'est l'histoire d'un maire comme il y en a des milliers d'autres, de ceux qui tout simplement s'occupent des gens au quotidien.

C'est l'histoire d'un engagement.

Gabrielle

Debout, derrière lui, adossée à la fenêtre, elle dictait et l'enfant écrivait. « Les pleins et les déliés, écoutez bien, les pleins et les déliés. » À chaque faute, elle lui donnait un petit coup sur les doigts avec une règle et lui faisait juste assez mal pour qu'il fasse attention, et conserve longtemps le souvenir de l'erreur. Ainsi lui enseignait-elle l'orthographe, tous les matins et tout au long des vacances d'été, à 9 heures. À 9 heures précises. Ainsi devint-il scrupuleux sur les horaires et, lorsqu'il se trouva, plus tard, en voyage d'affaires au Japon, il ne commit jamais l'erreur d'arriver en retard à un rendez-vous, crime de lèse-majesté au pays du Soleil-Levant.

Au bureau, il lui arriva de commencer seul une réunion, lorsque ses collaborateurs n'étaient pas à l'heure.

« Appelez-moi "mademoiselle" », lui avait-elle déclaré d'entrée de jeu, au premier de ses cours. L'enfant avait ri sous cape, car la vieille avait cent ans, lui semblait-il. Une si vieille institutrice, tout en noir, rien qu'en noir.

Des bas noirs, des cheveux gris, une robe noire, un manteau noir, un œil noir, une maison noire.

Elle sentait affreusement mauvais, avait l'air sévère et misérable, si pauvre. Son jardin n'était qu'une broussaille, la pelouse n'était plus qu'un souvenir et aucune fleur n'était visible. Le pire était la maison. Un taudis. Tout était poussiéreux et l'enfant n'oubliera jamais la petite table ronde, la toile cirée bleue sur laquelle il posait son cahier. Après l'orthographe, il fallait passer au calcul et aux maudites tables de multiplication. Encore la règle sur les doigts, à chaque faute.

Une fois par semaine, l'enfant devait apprendre une récitation comme celle de l'ineffable Maurice Carême, mais c'est le poème de Prévert[1] qu'il aurait aimé réciter.

Il dit non avec la tête
Mais il dit oui avec le cœur
Il dit oui à ce qu'il aime
Il dit non au professeur
Il est debout
On le questionne
Et tous les problèmes sont posés
Soudain le fou rire le prend
Et il efface tout
Les chiffres et les mots

1. Jacques Prévert, « Le cancre » in *Paroles*, © Éditions Gallimard, 1949.

Les dates et les noms
Les phrases et les pièges
Et malgré les menaces du maître
Sous les huées des enfants prodiges
Avec les craies de toutes les couleurs
Sur le tableau noir du malheur
Il dessine le visage du bonheur.

Le poème s'appelle « Le Cancre » !

Chaque matin, à l'heure dite, l'enfant empruntait le petit chemin qui menait à la chaumière délabrée, un capharnaüm. Jamais elle ne lui a proposé un verre d'eau ou un bout de gâteau. Elle lui disait « à demain », l'enfant revenait et, petit à petit, l'apprivoisait, car elle savait l'encourager, le féliciter. Plus tard, il réalisa que l'institutrice lui avait non seulement appris à lire et à compter, mais plus encore à aimer le français.

Beaucoup plus tard, il comprit vraiment qu'elle lui avait donné des bases pour la vie.

Dans les dernières années de son existence, ils échangèrent de nombreuses lettres : elle décrivait le temps passé, les hivers, les printemps, l'état des chemins, la vie du village, dans le plus merveilleux des français avec « des pleins et des déliés ».

Gabrielle Folliot ignorait l'électricité, le chauffage, Internet, les téléphones portables, mais elle savait écrire. Jamais elle n'était allée à Paris. Jamais elle n'était allée se perdre dans un supermarché, elle avait tout ce qui lui suffisait dans son « jardin », des œufs, des légumes, quelques fruits. « Pourquoi chercher ailleurs, me disait-elle, ce que j'ai ici ? »

Elle se contentait de son bonheur et n'en imaginait pas un autre. Elle n'avait de vêtements que ceux qu'elle se fabriquait elle-même. Elle reprisait ses chaussettes longues, ses manteaux, ses bas, indéfiniment rapiécés. Pas de factures, pas de carnet de chèques ; quand il fallait payer quelque chose, elle allait « à la poste », prendre de l'argent sur son livret de caisse d'épargne.

Sa seule sortie était le dimanche, pour aller à la messe et sur la tombe de ses parents. A-t-elle su que le célèbre photographe Édouard Boubat, par le plus grand des hasards et sans la connaître, l'avait immortalisée, courbée, vieille femme, le buis sous le bras, un jour des Rameaux, marchant vers son église ?

Elle vivait hors du temps, à son rythme.

Adulte, l'enfant est devenu son ami, lui rendant souvent visite. Une amie hors du commun, qui ne connut rien d'autre que son village, son calvados, ses poules et le cimetière.

Elle est morte comme elle a vécu, sans rien dire, ses « affaires faites ». À son décès, on découvrit qu'elle était riche. Elle avait légué à la paroisse toutes les maisons qu'elle possédait.

L'enfant devenu grand ne l'oublie pas. Éternellement reconnaissant, il passe souvent devant chez elle, regarde le petit chemin disparu, la barrière en bois remplacée, la chaumière modernisée. Elle est penchée, courbée, il la voit, la salue d'un petit geste, la remercie.

Grâce à elle, il aime écrire.

Le Salaire de la peur

Mes parents se sont installés à Varengeville après la guerre. Un de leurs amis, Louis Domissy, mon parrain, leur a recommandé ce village. Avec mon tricycle, je m'initiais aux joies du vélo dans son jardin, à Dieppe. Louis et Jeanne, sa sœur, m'accueillaient comme un fils dans leur maison, qui respirait l'odeur de la mer et où chantaient les mouettes. Un paradis. Je n'oublierai jamais comme cette famille m'entourait. J'avais cinq ou six ans. Les parents louaient une petite maison dans le village, annexe d'une grande maison occupée par un monsieur sévère dont la moustache me faisait peur.

À la sortie de la guerre – et la guerre avait été rude pour eux –, ce havre de paix s'avéra être un refuge, mais, plus encore, devint au fil du temps ma racine.

Les étés étaient longs et, malgré l'absence de mon père et de ma mère, qui étaient je ne sais où, les jours s'écoulaient joyeux et animés. Seul d'abord, puis avec mon frère de trois ans plus jeune que moi, je passais mes quartiers d'été dans le village. Nous y retrouvions nos amis, arpentions les chemins de terre et menions une vie heureuse.

Nous étions confiés à une certaine Suzanne, qui me détestait. Elle n'en avait que pour mon frère. J'ai appris alors à me dégager de ceux qui ne me veulent pas du bien et à goûter la distance que donne la solitude. Et, malgré cette animosité injuste qui s'exprimait un peu trop, je nouais des amitiés solides avec les enfants du village et goûtais cette vie qui me convenait. Je n'avais qu'une idée, revenir le plus vite et le plus souvent à Varengeville. Certes, nous faisions les quatre cents coups et je reçus réprimandes et taloches en quantité. Avec nos copains Rémy et Yves Langlois, nous n'avions peur de rien et les fausses falaises étaient notre domaine, interdit.

Si j'avais su que le maire de l'époque, monsieur Abraham, serait un jour l'un de mes prédécesseurs, je n'aurais pas balancé sur sa maison tant de pommes pourries et autres projectiles de mauvais goût. J'ai le souvenir du garde champêtre dont le nom est inoubliable, Paul Lavenu, qui m'a passé ce qu'il appelait « une avoinée », pour me remettre dans le droit chemin. Des années plus tard, les parents de nos copains se firent une joie de me rappeler la série de sottises dont j'avais, paraît-il, été l'auteur. Au déjeuner du « troisième âge », on s'en léchait les babines.

Le dimanche soir était sacré. Le cinéma débarquait dans la salle paroissiale et, sous aucun prétexte, nous n'aurions raté la séance. Suzanne nous autorisait à emprunter les chemins caillouteux, sans électricité, une vague lampe de poche à la main, et là, bonheur absolu, d'énormes bobines noires installées sur un projecteur allaient nous entraîner vers des horizons inconnus. C'est à 10 ans que j'ai découvert, terrorisé, *Le Salaire de la peur*, la nitroglycérine, le camion qui dévale les pentes, Yves Montand, Charles Vanel. J'attendais le dimanche suivant pour déguster d'autres aventures.

J'avais l'habitude de jouer dans une belle maison route de l'Église, dans laquelle le mur central était recouvert d'un épais tissu gris, un énorme rideau dont je soulevais les bords. Et là, fasciné, je regardais les ronds de toutes les couleurs. Mes deux frères et ma sœur, plus jeunes, me rejoignirent plus tard dans cette expédition. « Cesse de soulever le rideau, me disait la propriétaire, va jouer dans le jardin. » La maison fut vendue, revendue, jusqu'au jour où la nouvelle occupante des lieux réalisa que le mur porteur avait été peint par Miró. Rien de moins !

Miró, grand ami de Calder et de Braque, y séjournait souvent et il s'est mis à peindre le mur de la maison de son ami Nelson, l'architecte qui l'hébergeait. Ce fut son « cadeau de château », comme disait ma grand-mère, bien élevée. Le mur en question, mur de mon enfance, fut vendu après avoir été découpé comme un pain brioché. Il serait aujourd'hui la propriété de François Pinault. Ironie du sort, c'est moi, maire, qui ai signé cet arrêté meurtrier autorisant la destruction partielle de la maison.

Enfant, je m'échappais à vélo pour sillonner mon territoire. Varengeville m'appartenait. Je lui parlais.

Je connais tous tes talus, tes falaises, tes humeurs. Comme Saint-John Perse, qui séjournait alors chez Marthe de Fels, j'erre sur tes chemins creux et sablés, à la recherche de la mer. Je connais tes visages, mélancoliques, joyeux, tes lumières, mauves, roses, sombres, que je garde en moi comme un trésor. C'est mon village, « un délicieux petit pays », comme Claude Monet l'avait écrit.

J'entrais dans tous les jardins, surtout ceux qui étaient fermés et, en premier lieu, le fameux bois des Moutiers. Là, j'abandonnais mon vélo et courais à travers les rhododendrons.

« Que fais-tu là ? », hurlait la formidable Mary Mallet, propriétaire des lieux.

Je redoutais de rentrer à Paris. J'espérais que les vacances d'été se prolongent indéfiniment. À Paris, l'ambiance était tout autre. Les parents divorçaient, je jouais celui qui ne voyait rien, n'entendait rien et, comme tous les enfants, je comprenais tout. J'ai appris trop tôt à cacher mes émotions. J'avançais trop vite vers l'âge adulte. Varengeville fut une chance. Un port d'attache qui m'évita de voguer au fil des événements, au gré de rencontres hasardeuses ou d'aventures improbables.

Ainsi s'est inscrit ce village dans mon enfance énigmatique et, plus tard, dans la vie des miens.

Adjoint au maire

Lorsqu'un ami agriculteur me téléphona un jour de 1976 pour me demander si je le rejoindrais dans la liste qu'il constituait pour les élections municipales de 1977, je lui répondis sur-le-champ que j'étais d'accord.

— Mais attention, seulement conseiller municipal, j'ai trop de boulot en ce moment, ajoutai-je.

— Pas de problème, me confirma-t-il.

C'était une liste d'opposition au maire sortant, que je connaissais bien et qui normalement devait être réélu. Pour mener la liste, l'agriculteur avait trouvé la perle rare, un dentiste de Dieppe, qui rêvait de la fonction, sympathique, dévoué, sportif, vivant dans le village, bref, le candidat idéal. J'observais cependant que la bagarre était à peine feutrée : le maire sortant défendait son équipe et son bilan, notre candidat apportait des ambitions nouvelles et, en particulier, promettait une salle des sports et un court de tennis.

À ma grande surprise, nous sommes élus, de justesse. Le sportif devient maire et il me demande d'être son deuxième adjoint. Qu'allais-je donc pouvoir faire comme adjoint ? Quel serait mon rôle ? Il n'y avait aucun équipement sportif. Je l'aidais comme je le pouvais à rédiger les demandes de subvention, j'apprenais le métier. La salle de sport était son obsession. Elle vit le jour deux ans après notre élection.

Quant à moi, j'avais eu de la chance. Mon maître de conférences à la faculté de droit, un certain Bernard Stasi, me parla de ce que son ami Jean-Pierre Soisson, ministre des Sports, avait en tête : donner à mille communes un lieu de réunion. C'était ce qu'il appela les « mille clubs ». Et, grâce à Jean-Pierre Soisson *via* Stasi, le village reçut un de ces « mille clubs », ce qui me valut considération et estime. « Il a le bras long, le petit, je vous l'avais dit », gronda l'agriculteur, parrain de la liste, qui voyait là une récompense pour lui-même.

Le 24 décembre 1980, notre maire, qui jouait beaucoup au tennis, s'effondra et perdit la vie dans la salle de sport qui porte son nom. Le premier adjoint devint maire ; et moi, premier adjoint, trois ans après notre élection. Le nouveau maire était un homme bien, officier de marine, enfant du village, respecté et intègre. Il avait l'idée qu'il devait tout faire et tout assumer. Seul. Assis à côté de la secrétaire de mairie, sans bureau pour lui-même, il recevait tous les jours tous ceux qui avaient besoin d'un papier, d'un conseil, de remplir un document, de téléphoner à un service public. Il était de permanence.

Impossible d'avoir un entretien personnel, il se tenait là, présent et disponible, dans le secrétariat. Un maire de village, assistant social, conseiller administratif, économe, sérieux, un militaire. À ses côtés, j'avais du mal à lui suggérer dépenses ou investissements. Il craignait l'endettement, refusait les emprunts, gérait l'acquis à la perfection, persuadé que rien ne devait changer, ou si peu. Dans l'immobilité, il régnait et personne n'était malheureux. Le village était à l'arrêt, riche de ne rien engager, mais calme et serein.

Je le regardais, assistais à tous les conseils, le soutenais, parlais peu avec lui, et tout cela me convenait bien. J'étais absorbé par ma vie professionnelle, mon enseignement à l'université de Paris-Dauphine, bref, ma fonction de premier adjoint au maire me prenait quelques heures par semaine. Le maire ne me demandait rien, sinon de regarder le budget.

Il ne se passait pas grand-chose, mais les conseillers municipaux semblaient contents, l'ambiance était bonne, la mairie roulait calmement mais correctement. Nous étions en ordre de marche, une marche au pas, ni au trot ni, surtout, au galop. Le maire veillait et aucun détail ne lui échappait. Il remplissait toutes les fonctions et assumait toutes les tâches. Durant ces années, j'observais, me rodais à l'exercice, regardais ces conseils qui s'éternisaient. On discutait de rien et de tout, le maire parlait seul et, comme un militaire d'une autre époque, n'appréciait ni la contradiction ni les questions. Nous le respections et nul n'aurait eu l'idée malencontreuse de l'arrêter dans ses explications. J'avais envie de dire : « Maintenant, rompez ! »

Mais non, je me taisais. Les conseillers commençaient à étouffer et me parlaient de l'avenir :

— Et toi, un jour, hein !

— Tu te prépares ! Il le faut ! Ce sera toi !

Je répondais : « On a bien le temps, on verra cela, ce n'est pas le moment. » Dans le pays de Caux, il faut aller doucement, cahin-caha, et se faire adopter, ce qui est difficile. Brusquer ne sert à rien.

Le maire allait-il se représenter après un mandat et demi ? Nous étions en 1988, il décida d'arrêter, sans se prononcer clairement sur son successeur, comme il en avait pris l'habitude dans l'armée.

Maire

C'était mon tour.

Sans difficulté, je constituais une liste. Je reprenais ceux qui souhaitaient partir avec moi : certains étaient issus de la liste de l'ancien maire, que nous avions battu six ans auparavant, d'autres étaient conseillers municipaux sortants, et un ou deux de mes amis d'enfance, l'un plutôt communiste, l'autre plutôt gaulliste, nous rejoignaient. Peu importent dans nos villages les opinions politiques, seules comptent les personnalités.

Nous fûmes tous élus, un par un, selon la loi électorale de l'époque. On pouvait rayer chaque nom sur la liste et les habitants ne s'en privaient pas. On raye le voisin qui dérange, celui que la famille déteste, on vote pour l'autre, sympathique, ami, relation, copain d'école. La plupart d'entre nous furent élus au premier tour de scrutin, dont moi, et un petit nombre au second tour. Nous avions vaincu sans péril, personne contre nous, donc sans gloire, mais enchantés.

Le dépouillement s'était déroulé dans un stress à nul autre pareil. Chacun mesure sa popularité et se compare aux autres, sous l'œil du public, qui s'amuse et se moque. Qui donc a osé écrire sur mon bulletin « crétin » ? Bulletin nul.

Qui a déchiré le bulletin qui porte mon nom, avec rage ? Bulletin nul. Qui a écrit sur mon bulletin « le Parisien, dehors » ? Bulletin nul.

L'élection du maire eut lieu à bulletins secrets, et je fus élu à l'unanimité. Je votais toujours pour moi, on ne sait jamais. Les deux adjoints que j'avais choisis furent élus, eux aussi, à l'unanimité. Un troisième adjoint sera élu lors du troisième mandat, quinze ans plus tard. Deux me suffisaient, pour l'heure. Le premier adjoint m'avait été chaudement recommandé par l'agriculteur, parrain de la liste précédente, dont il était proche. Le second était un ami personnel de longue date, un artisan connu dans le village, en qui j'avais une grande confiance. J'eus vite la confirmation que ce choix-là était judicieux.

Me voilà maire du pays. Je n'imaginais pas que j'étais parti pour si longtemps, je ne mesurais pas comme la charge était lourde, contraignante, et passionnante. Nous étions élus pour six ans, vogue la galère. À mes côtés, la secrétaire de mairie déjà en poste depuis quelques années, un garde champêtre, trois agents de mairie, deux agents de service pour l'école ; huit personnes au total.

Notre budget, en 1989, était environ de 4 000 000 de francs en recettes, 1 800 000 pour l'investissement, 2 000 000 pour le fonctionnement. La situation financière dont j'héritais était excellente. Le maire précédent laissait un budget en excédent avec un taux très bas d'endettement, une formidable capacité d'emprunt. Je loue son immobilisme, qui m'autorise de larges possibilités d'action. Avec l'investissement, nous pouvions envisager de multiples opérations : routes, bâtiments, éclairage public, tout était possible. Avec le fonctionnement, nous avions les moyens de faire « tourner » la mairie.

Les impôts locaux étaient faibles, rien à voir avec ceux de la « grande ville », Dieppe, ville très endettée, aux impôts locaux qui me semblaient faramineux, et avec un personnel municipal pléthorique. J'entendais bien vivre modestement et ne jamais procéder à des augmentations d'impôts communaux.

Très vite, je fus confronté à une décision « politique ». Comment répartir les impôts, comment décider de la fiscalité locale, devions-nous taxer les propriétés ou les habitations, les terrains ou l'immobilier ?

Une décision qui engage.

J'étais – et suis toujours – favorable à une taxation des propriétés, des grands espaces et à une réduction maximale de la taxe d'habitation. J'avais l'idée de tout faire pour aider les familles aux revenus modestes, ceux qui travaillent dans le village ou la périphérie. Je faisais ainsi mon premier choix politique.

Certains résidents secondaires sont venus me voir pour se plaindre avec amertume. L'un d'eux a claqué la porte de mon bureau et hurlé « *bloody communist* », en anglais, pour que je ne comprenne pas. En effet, il y avait peu de chance qu'un « petit maire de campagne » parle une langue étrangère. Un autre, très élégant et très « connecté » à Paris, m'a fait comprendre en français qu'il fallait que je me remette dans le droit chemin.

— Nous vous avons élu en pensant que vous seriez « des nôtres », me dit-il, et je vois que vous prenez des décisions qui traduisent vos « étranges opinions ».

J'étais, dès le départ, maire de tous, libre de mes actions.

Quant à mes « étranges opinions », je les ai conservées tout au long de mes trois mandats de maire.

POS

À peine élus, nous devions réviser le plan d'occupation des sols, le POS.

Les rumeurs vont bon train : « le maire veut tout changer », « mon terrain constructible va devenir inconstructible ». En réalité, je ne savais pas trop comment m'y prendre, ne connaissant rien à cette affaire. Je créais une commission chargée de cette révision, pour écouter les uns et les autres, puis faire des propositions.

Je voulais rectifier *a minima*, pour éviter les grosses bêtises, tout en nous donnant la respiration nécessaire pour construire d'autres résidences. Je voulais un POS modifié, mais qui ne change pas fondamentalement l'équilibre du village. Hors de question d'« ouvrir les vannes », comme on le craignait. Notre chance fut de pouvoir décider. Nous avons donc défini les zones de protection naturelle, écolos avant l'heure, une zone de protection agricole, une autre de protection des sites et une zone urbaine avec des règles strictes, portant sur la hauteur des bâtiments, obligeant à construire avec une superficie minimale de terrain pour éviter la multiplication des constructions. Nous avons alors été jusqu'à autoriser, dans la zone de protection des sites, des habitations individuelles sur une superficie de 10 000 mètres carrés ou, même, des lotissements n'excédant pas cinq lots. Et dans la zone dite « naturelle », toute nouvelle parcelle, pour être constructible, ne pouvait avoir une superficie inférieure à 1 000 mètres carrés. Au total, je voulais absolument permettre des constructions en préservant ce qui fait le charme du village, son caractère, son attractivité, et la loi de l'époque m'autorisait à agir ainsi, nous étions en 1989.

Le conseil municipal approuva à l'unanimité.

Au conseil municipal

Très vite, mon premier adjoint de ce premier mandat fit des siennes.

La date de l'élection du président du syndicat d'eau auquel la commune appartenait était fixée et je ne pouvais pas être présent ce jour-là, retenu à Paris. C'est tout naturellement que mon adjoint représenterait la commune.

C'est très important, le syndicat d'eau, comme le syndicat d'électricité. Ces syndicats ont un impact réel sur nos finances et nos projets, nous devons les suivre de près. Il est essentiel d'entretenir avec leurs dirigeants les meilleurs rapports, car nous avons besoin d'eux pour nous accompagner, par exemple, dans l'éclairage public, les lignes à enterrer, la gestion de l'eau, de la station d'épuration. L'élection du président est un moment important, il faut élire le meilleur et ne pas se tromper. Nous nous étions mis d'accord sur l'un des deux candidats. C'est lui que nous voulions élire, le plus compétent.

Coup de téléphone dans mon bureau à Paris. Le président élu n'est pas celui que nous avions décidé de soutenir. À une voix près, il était battu. La voix était la nôtre. Mon adjoint avait changé d'avis et en avait décidé autrement pour des raisons que je ne comprenais pas. J'avais été un maire naïf, inexpérimenté. Certaines amitiés souterraines dans nos villages ne se comprennent qu'avec l'expérience. Elles existent, elles sont efficaces. Nous eûmes le samedi suivant une de ces explications dites « de gravure », dont je pris l'habitude, lorsque tout allait de travers.

Si le maire est ainsi, dès le départ, désavoué par son adjoint, où allons-nous, me disais-je ? Ce fut une rupture entre nous, nous n'étions plus sur la même longueur d'onde. Nous n'avions pas pris le temps de parler ensemble, profondément. J'avais choisi un adjoint avec une précipitation coupable. Ce fut mon erreur.

Nous avons terminé le mandat en « chiens de faïence », c'est dommage, car l'homme avait des qualités. Les élections des adjoints sont décidées pour le temps du mandat, six ans à l'époque, on ne peut en changer en cours de route et il n'y a pas de roue de secours. C'est là encore une rigidité qui oblige le maire à ne pas se tromper, à assumer ses choix. Chacun, en quelques années, peut traverser des moments difficiles, évoluer dans sa pensée ou dans son attitude, mais le système est bloqué. On élit les adjoints, on les garde, et au maire de faire en sorte que tout fonctionne.

L'adjoint en question se présenta contre moi lors de l'élection suivante avec une petite équipe et fut battu. Quelques autres conseillers dont je souhaitais le départ furent, comme ils me le dirent en cauchois, « mis à la cour ».

Mon deuxième adjoint, fort heureusement, lors du second mandat, devint premier adjoint et le resta tout au long de mes mandats de maire.

Platini

Alors que je suis élu depuis un an, une conseillère municipale vient me voir et m'annonce que son mari, le journaliste Hervé Duthu, souhaite fêter à Varengeville ses dix ans de télévision.

Elle ajoute que les amis d'Hervé viendront jouer au football sur le terrain communal contre l'équipe locale. Très bonne idée, lui dis-je, sans me douter de qui pouvaient être « les amis ».

Elle continue et m'explique que ses amis sont Michel Platini, Giresse, Thierry Roland, Bathenay et quelques autres.

Je n'ose y croire ! C'était vrai. Ils sont venus.

Deux mille spectateurs alertés par le journal local et la rumeur, « Platini à Varengeville », accoururent en masse pour assister au spectacle : l'équipe de Platini contre celle du village. Varengeville, ce 1er mai 1990, fut la capitale mondiale du football. Un événement « colossal », un début de mandat en fanfare. Quel cadeau !

Peut-on imaginer à quel point Platini, à cette époque, était une « star » ! Deux ans avant, il avait attiré 40 000 personnes à Nancy pour son propre jubilé !

Comme si aujourd'hui venaient jouer Mbappé, Messi, Ronaldo ou Griezmann !

Bernadette

En cette année 1990, la commune comptait environ 1 100 habitants, ce qui montrait une grande stabilité : il y en avait autant en 1982.

Je m'étais lancé dans un premier projet de lotissement, une résidence que j'appelais « Georges-Braque », pourquoi pas ? Je voulais absolument créer des lotissements au cœur du village et non pas en périphérie, comme certains me le conseillaient, toujours animés de bonnes intentions, « pour conserver le charme du village ». Pour eux, la devise était « ne rien changer » ; pour moi, « tout faire pour animer la vie sociale et économique de la cité ». C'est ainsi que cette résidence, en plein milieu du bourg, avait sa raison d'être.

Des logements bien conçus avec les HLM, pour une population qui pouvait ainsi vivre ici, avec des moyens modestes, et des jeunes qui nous apportaient leurs idées, leur famille. L'école comptait alors plus d'une centaine d'enfants et je savais que ces lotissements locatifs étaient la seule manière d'assurer l'avenir de l'école, car, sans eux, ces familles ne pouvaient se loger dans des conditions financières acceptables. La résidence « Braque » fut la première d'une série de vingt à trente logements, bien insérés, bien adaptés, qui me semblaient absolument nécessaires.

C'est madame la sous-préfète qui inaugura cette petite cité, une sous-préfète pas comme les autres. Elle se mit à parler de Braque en érudite sous les yeux ébahis des témoins, maires des environs, conseiller général. Elle donna un cours sur l'artiste sans notes, sans hésiter. Je la regardais avec étonnement et, j'avoue, admiration. Dans cette sous-préfecture souvent endormie, elle s'imposait, intelligente, audacieuse. À toute heure du jour et de la nuit, elle allait avec les gendarmes contrôler les véhicules, les vitesses, l'alcoolémie. Elle poussait les dossiers avec une énergie inhabituelle. Elle n'appartenait pas à la liste de ceux qui se contentent d'inaugurer les chrysanthèmes. Elle était un caractère et je me disais que, celle-là, elle irait loin.

Et elle alla loin. Préfète de région, en Bretagne et en Lorraine, Bernadette Malgorn, amie et collaboratrice de Philippe Séguin, fut mon « sous-préfet » préféré.

Le noyé

Les habitants voulaient faire de moi un officier de police pour que, comme Bernadette, j'arrête les voitures, sanctionne les récalcitrants et impose des amendes.

– Vous attendez quoi, monsieur le maire, pour flanquer à ce Parisien (c'est l'insulte suprême) une belle contravention, vous avez vu où il est garé ?

Je répondais : « Désolé, je ne suis pas officier de police, ce sont les gendarmes qui peuvent sanctionner, pas moi ! »

On me croyait capable de tout, du pire et du meilleur : « Il a le bras long, le maire, qu'est-ce qu'il attend ? »

Un dimanche matin tôt, le téléphone sonne à la maison.

– Ici la gendarmerie, il y a un noyé sur la plage, venez vite, monsieur le maire, reconnaître le corps. Vous êtes officier de police judiciaire.

J'avoue que c'est sans aucun plaisir, euphémisme, que je suis descendu à la plage. Petit déjeuner à peine avalé, les enfants qui me demandent ce que je vais faire, je leur raconte une histoire ; à ma femme, étonnée de cet appel, je lui dis qu'il y a un problème et que je reviens vite. Une première pour moi. Je n'ai pas l'habitude des cadavres, que je rencontre rarement dans ma vie professionnelle.

J'avais envie de lire *le Journal du dimanche*, de parler aux enfants et de jouer avec le chien, un merveilleux labrador blanc dénommé Zours. Aucune envie d'aller reconnaître un corps. Drôle de métier, me disais-je.

J'arrive sur la plage. J'avais oublié mes bottes, je retire mes chaussures, je me fais mal aux pieds sur les galets. Trois gendarmes en tenue m'accueillent et, devant eux, un corps et une barque. Je m'approche difficilement.

— Vous le reconnaissez ? me demande un gendarme.

Je regarde. C'est affreux, un noyé, je regarde aussi vite que possible et je le reconnais.

— Oui, c'est un habitant du village, je sais où il habite.

— Alors, c'est à vous de prévenir sa famille !

En 1914-1918, j'avais lu que les maires devaient annoncer l'horrible nouvelle aux familles des militaires disparus. C'est encore le cas aujourd'hui, c'est une tâche épouvantable. Elle me revenait, ce n'était pas la mort d'un héros, mais d'un monsieur inconscient qui, d'après les gendarmes, avait pris des risques insensés.

— Il est tombé de sa barque il y a peu de temps, me dit le gendarme, un imprudent qui, semble-t-il, savait à peine nager.

Je me suis toujours demandé comment il savait cela, mais les gendarmes en savent plus que nous. Bref, il était mort, le noyé, et je devais prévenir sa famille, travail du maire.

Je sonne à la porte de la maison du mort et il n'y a pas de réponse. Un voisin qui me voit dans la rue m'interpelle.

— Alors, monsieur le maire, en forme ? Vous cherchez quelqu'un ?

— Je cherche votre voisin (comme si j'ignorais qu'il était mort).

— Ah, ils sont partis au Salon nautique pour la journée... non, je vois que madame est allée faire des courses, je vous appelle quand elle revient, si vous voulez.

Au Salon nautique !

Ils sont au Salon nautique, et moi j'ai le noyé sur les bras. Dans les situations les plus difficiles, j'ai souvent envie de rire, c'était cette fois irrépressible. Je rentre à la maison.

— Mais qu'est-ce que tu as ? me demande ma femme, tu es blanc comme un linge.

— Je t'expliquerai. J'attends un coup de fil.

Le voisin m'appelle deux heures plus tard.

— Venez, monsieur le maire, ils sont de retour.

J'arrive, je sonne. Une femme m'ouvre la porte, je la reconnais, c'est l'épouse du noyé. La suite ne s'invente pas !

— Quel bon vent vous amène, monsieur le maire ?

La formule fait mouche. Ce n'est pas vraiment un bon vent, me dis-je. Mais comment faire ? J'hésite, elle le voit, je me lance.

— Votre mari a eu un accident en mer.

— J'en étais certaine, me répond-elle, je lui ai dit cent fois que cette barque était en mauvais état et qu'il était imprudent.

— Oui, mais c'est très grave.

— Ça devait arriver, insiste-t-elle.

Je prends mon courage à deux mains.

— Alors, il faut que je vous dise, j'ai une très mauvaise nouvelle, il s'est noyé.

— Je savais qu'un jour ça devait arriver, répète-t-elle calmement, je vais prévenir les enfants, ils sont au Salon nautique.

J'ai quitté cette maison consterné et groggy.

Les gens du voyage

Un sujet brûlant me tombait dessus, inattendu.

Les gens du voyage s'étaient installés sur la grande pelouse d'une propriété privée, sans prévenir. Le propriétaire me harcelait, comme si je pouvais régler le problème avec une baguette magique, que le maire ne possède pas. Dans la rue, je me faisais « engueuler ».

— On n'a pas besoin de ces gitans chez nous !

— On voit que vous n'êtes jamais là !

— Comment pouvez-vous admettre cela ? C'est une honte, on les voit se balader partout.

Ma cote était au plus bas, le maire est un bouc émissaire. J'étais devenu le seul responsable de ce drame qui n'en était pas un. La rumeur envahissait les esprits, toujours prompts à détester l'étranger. « Ils volent dans les maisons. » Les conseillers municipaux me pressaient d'agir. J'appelle le sous-préfet, courageux, qui me dit qu'il ne peut rien faire : « Il y a des terrains, des espaces prévus pour eux, ils le savent, il faut leur dire. » Bonne idée, merci infiniment pour votre aide, monsieur le sous-préfet, mais je fais comment ?

Je suis allé les voir, sur place. Je demande à parler au patron. Un Gitan s'avance, bonne allure, martial et, quand il me voit, m'interpelle en souriant :

— Vous êtes le maire, j'imagine !

— Exact.

Je lui propose qu'on discute. Il m'invite dans sa caravane, autour d'un café. La famille est au grand complet, les enfants jouent avec leur chien ; ils sont nombreux, il y a au moins dix caravanes, une ambiance colorée. Je les trouve sympathiques.

Je leur propose de se brancher sur un point d'eau et je leur demande combien de temps ils vont rester. Une négociation s'ouvre alors. Je ne les chasse pas – incapable de le faire –, je leur dis qu'ils peuvent rester quelques jours, mais pas plus, et qu'au fond on peut s'entendre.

C'est une occupation tout à fait illicite, mais David perd contre Goliath, alors je modère mes propos. Seule la discussion apportera la solution. Je comprends que personne n'interviendra, que le sous-préfet ne veut surtout pas d'histoires, et que je suis obligé de composer. Le chef gitan sait que je ne peux pas les mettre dehors. Je leur laisse du temps. Il me demande un mois. Je propose dix jours. Nous tombons d'accord : deux semaines.

Ils sont partis, comme prévu. Soulagement du maire.

L'église glisse

À la mairie, les problèmes s'accumulent et, comme le disait Jacques Chirac, « volent en escadrille ».

L'église glisse vers la mer. Rien de moins.

Depuis 1988, l'instabilité des terrains pose problème. En 2020, elle glissait encore, et en 2034, qui sait ?

Nous sommes en 1990, des fentes apparaissent, les ingénieurs débarquent, quelques pierres tombent du plafond, les « témoins » placés autour du bâtiment ne racontent pas d'histoires, elle bouge. On ferme l'église.

« Rien de nouveau sous le soleil », me dit un spécialiste. Je demande un rapport qui nous explique : « Un jour peut-être, elle nous quittera, mais quand ? »

Il faut consolider le site, dit le rapport. Il y avait déjà de nombreux savants qui, comme tous les ignorants, savent tout et affirment à l'instar de vrais spécialistes. Ils parlent aux journaux à tort et à travers, et s'offrent une tribune. On les prend au sérieux. Ils se croient compétents.

Aujourd'hui, ils ont l'idée de jouer la partie façon « Abou Simbel », pour démanteler et reconstruire l'église ailleurs, en plein champ, loin du cimetière marin !

Nous n'en sommes pas là en 1990, chacun y va déjà de sa petite musique, comme toujours, mais ceux qui parlent fort ne sont pas ceux qu'on écoute et les plus raisonnables nous ont convaincus que l'urgence était de consolider le site.

Au même moment, je reçois des mains d'un habitant du village un manuscrit des années 1920, une lettre de Jean et Jérôme Tharaud.

> Le cimetière sur la falaise.
>
> « À pic sur la mer, dans un site d'où le regard découvre une longue ligne de côte en forme de faucille, des plages de galets, des plateaux de verdure qui règnent de très haut sur les vagues, des rivages lointains, qui prennent certains soirs des airs d'apparitions, une immense étendue de flots où la lumière dessine des royaumes de couleurs changeantes, le cimetière de Varengeville est un des beaux endroits du monde. Au milieu des tombes, l'église, une très vieille église, qui semble courber le dos sous le vent et l'orage.
>
> Les attaques furieuses et les infiltrations sournoises de la mer minent et rongent la prairie et les bois qui lui font un socle végétal. On est inquiet pour elle, on est inquiet pour les tombes rassemblées sous sa garde, modestes ou solennelles,

pareillement bercées par le murmure sans fin qui les perd et les enchante.

Sous le grand ciel en marche et les lourdes nuées, cette vague inquiétude ajoute à la sublimité du lieu ce que prête à toute beauté, le sentiment qu'elle est fragile et menacée. »

Fragilité, certes.

La menace est permanente, depuis toujours.

L'eau douce et l'eau salée transpercent l'église, minent son socle, depuis des siècles.

Elle repose sur la roche, comme si elle était fixée, arrimée à un îlot invraisemblable.

Face à la mer, le cimetière l'entoure, l'enveloppe. Les fausses falaises autour d'elle lui rient au nez. Tiens bon, église, accroche-toi, « résiste, prouve que tu existes » et ne t'inquiète pas, ça va durer. On ne touche pas au cimetière marin pour ne pas t'agacer, te titiller. Interdit d'enterrer là les morts.

Ce cimetière, je le connais. J'aime tourner autour de ces tombes célèbres, et d'abord celle du soldat de Napoléon qui fut de toutes les batailles de l'Empereur, l'ami Jacques-Antoine Danois.

Maire, je venais me reposer et réfléchir sur le petit banc qui regarde la mer en face et voit par beau temps jusqu'au Tréport.

Je croise alors la tombe d'Albert Roussel, le musicien dont la musique m'ennuie, celle de Paul Nelson l'architecte, de Marthe de Fels, qui tenait à

Varengeville un salon littéraire, du mathématicien Salem, qui contribua à la mise au point de l'IRM, du peintre Auburtin, dont les toiles m'enchantent, de celle de Porto-Riche, ami intime de Léon Blum, qui continue à m'intriguer.

Que fait-il ici avec son fils Marcel ?

Pourquoi est-il venu se faire enterrer à Varengeville, cet auteur à succès, célèbre pour sa pièce de théâtre *L'Amoureuse* ? Mystère.

Et il y a tous les autres, dont les noms évoquent mon enfance, familles du village, amis disparus, comme une galerie de portraits.

C'est dire que j'avais hâte de redonner vie à l'église. La lettre des frères Tharaud m'avait donné un coup de fouet !

Pour réussir à colmater les brèches et à stabiliser l'édifice, il convenait d'armer la couche des terres directement en contact avec le chevet de l'église qui, précisément, est soumise à des phénomènes de glissement.

L'armature de ces terres, constituée de barres d'acier de dix mètres chacune, enfoncées dans le flanc du terrain après un forage de trous, était une priorité. Ces barres d'acier une fois en place, il fallait injecter un mortier de ciment pour remplir le vide du forage.

En fait, on pouvait clouer l'église avec des centaines de pieux, le tout recouvert d'une toile cousue qui faisait le tour de l'édifice.

Les équipes de Soletanche, qui, comme pour construire un métro, savaient comment bloquer et arrimer le bâtiment, étaient prêtes à intervenir.

Mais comment financer un tel ouvrage ?

Une voiture noire

Parfois, on a de la chance.

Souvent, après la séance du conseil municipal et, en particulier, en mai, juin ou juillet, j'allais seul regarder la mer. Ce soir-là, je m'étais assis devant le cimetière, sur le terre-plein, face à l'église.

Je me reposais, rêvais, que sais-je ? J'avais l'esprit ailleurs. La lumière baissait doucement. Une voiture noire était stationnée devant la grille. À l'avant, deux hommes. L'un d'eux me voit m'approcher et je lui demande s'il y a un problème.

— Non, monsieur, nous attendons une personnalité qui se promène dans le cimetière.

— Je suis le maire, puis-je vous aider ? Qui est, si ce n'est pas indiscret, cette personnalité ?

— Le président de la République, alors vous comprenez, il ne faut pas le déranger.

Dire que je fus surpris est un euphémisme.

— Je connais le président, pouvez-vous lui passer le message que, s'il le souhaite, bien sûr, je serais heureux de le saluer ?

L'homme me regarde et me dit, l'air sceptique :

— On a l'habitude, vous le connaissez vraiment ?

Je connaissais François Mitterrand depuis mes dix-huit ans. Par le plus grand des hasards, élève à Sciences Po, je fus assigné à la Conférence 20, « Gérard Vincent-Pierre Soudet ». Pierre Soudet était alors mon maître de conférences.

Il se trouve que très souvent, après le cours, à 21 h 30, le grand ami de Soudet, un certain François Mitterrand, venait le chercher. Parfois, Soudet nous proposait de venir avec eux deux prendre un verre au bistrot, le bien connu « Basile » rue Saint-Guillaume.

J'étais de ceux-là, trop content de les écouter, de leur parler et c'est ainsi que, de fil en aiguille, j'eus la chance d'entamer un dialogue avec le futur président, qui dura jusqu'à sa mort. C'est dire que ce soir de 1991 j'étais heureux de le voir et de parcourir à ses côtés ce cimetière dont il connaissait tous les « habitants », me racontant la vie de chacun et m'expliquant qui était Porto-Riche, secrétaire de l'Académie française, habitant quai de Conti, meilleur ami des Blum, qui, eux, vivaient à deux pas, dans l'île de la Cité, quai de Bourbon.

Nous parlâmes de l'église, qu'il aimait, du rôle de maire, et je me souviens de ce qu'il m'a dit : « C'est bien d'être maire, c'est dur, car vous avez une vie professionnelle, une vie de famille, mais, vous verrez

Blanckaert, vous ne le regretterez pas, parfois si, mais, sur le fond, non. »

Il avait raison !

Un an plus tard, ne sachant comment financer les travaux de l'église, je l'appelle.

— Venez le voir, il vous attend, me répond sa fidèle Marie-Claire Papegay.

Et je suis allé à l'Élysée.

Bien sûr, il était en retard, comme toujours, comme chaque fois que j'avais eu rendez-vous avec lui rue Guynemer. Très en retard.

Assis à son bureau, signant des parapheurs, il lève le nez.

— Alors, Blanckaert, qu'est-ce qui vous amène ?

— L'église, monsieur le président. Elle plonge, glisse et, pour la sauver, on a la solution, cloutage, pieux, mais pas assez d'argent.

Je lui explique que la Région et le Département vont nous aider à hauteur de 1 million de francs, mais qu'il nous en manque 1,5 million.

J'ai aimé sa question :

— Avez-vous parlé à Jack ?

— Ah non, lui dis-je, je ne le connais pas !

— Bon, appelons Jack.

Il prend son téléphone, « l'interministériel », dit « l'inter », la seule ligne sécurisée à l'époque.

— Jack, il faut aider l'église de Varengeville, elle est magnifique, voyez ce qu'on peut faire, le maire vous appellera, c'est un ami.

J'avoue qu'être qualifié d'ami par cet homme très précautionneux sur ce sujet et pour lequel les mots ont toujours eu un sens m'étonne.

Il est vrai que, plus tard, il me dira que, oui, nous sommes des amis « de loin en loin », mais des amis. « L'amitié, de loin en loin, en réalité est une forme d'amitié parfois plus intense que l'amitié de près en près », me dira-t-il, goguenard.

Bref, Jack Lang nous a aidés et l'État a permis de financer ces travaux, qui ont redonné à l'église sa stabilité et permis sa réouverture au public.

Pour combien de temps ? C'était il y a trente ans. L'église est toujours là, récemment confortée, magnifique, même si sa survie nous inquiète.

L'école

Il y avait l'église, il y avait l'école.

Une urgence : construire un nouvel ensemble scolaire et regrouper les classes en un seul lieu. C'est le rôle du maire de veiller à « son » école, « sa » poste, « son » église.

Comme souvent dans les années 1930, l'école des garçons était à la mairie, l'école des filles ailleurs, et l'instituteur était secrétaire de mairie. Ce temps-là révolu, l'école était encore en des endroits différents et, notamment, à la mairie.

Le projet : mettre en place un groupe scolaire pouvant accueillir une centaine d'enfants et d'autres encore, pensais-je, lorsque nous aurions construit plusieurs résidences – j'utilisais le mot *résidence* plutôt que *cité HLM*, c'est plus élégant.

La commune emprunta 1 million de francs et je me lançais dans la chasse aux subventions pour couvrir les frais de cette construction, s'élevant à plus de 2 millions de francs !

Nos moyens nous autorisaient à investir seulement 140 000 francs en autofinancement. Pour le reste, je devais aller à la pêche.

En ces années-là, le duc de Normandie se nommait Jean Lecanuet. L'homme de toutes les subventions. Bien entendu, je suis allé le voir et j'ai sollicité sa protection.

Il était cultivé, agrégé de philosophie, roi du cumul. Il n'y avait alors pas de limites. Il fut ministre et, en même temps, président du conseil général, maire de Rouen – j'en oublie certainement –, le tout sans jamais rien lâcher et sans penser au moindre successeur. Malgré mon amitié personnelle, profonde et non négociable avec Laurent Fabius, ce qui avait le don de l'irriter puisqu'il me posait sans cesse la question « mais comment faites-vous ? », il fut magnanime ; et la subvention du conseil général déterminante, 900 000 francs.

Si bien que l'école s'appelle « école Jean-Lecanuet », car c'est grâce à l'aide du conseil général que nous avons pu rassembler classe maternelle, salles de classe, dortoir en un seul groupe scolaire.

Trente ans plus tard, ce bel ensemble a-t-il encore un sens ?

La population vieillit, le nombre d'habitants diminue, nous étions 1 200 il y a vingt ans, nous sommes 945 aujourd'hui, il y a de moins en moins d'enfants. Il y avait cent élèves en l'an 2000, une soixantaine en 2022 : le regroupement des classes est inéluctable.

Hélas, chaque village est confronté au même dilemme.

Mais quel maire acceptera de fermer son école ?

Qui aura le courage de mettre fin à cet éparpillement scolaire qui n'a pas de sens, et qui prendra les décisions qui s'imposent ?

Pour le moment, rien ne bouge.

L'école maigrit à vue d'œil.

La vie du maire

La vie du maire reprend ses droits.

À Paris, j'assumais mes responsabilités. Au début de mon mandat d'adjoint, je dirigeais une chaîne de bricolage, puis une entreprise de distribution de produits électroménagers, télévisions, réfrigérateurs, produits « bruns », produits « blancs ». Maire, je rejoignais un groupement qui réunissait les grandes maisons du luxe français et, durant des années, j'étais l'un des dirigeants d'une magnifique maison familiale.

Mes patrons savaient que j'étais maire d'un village et n'y ont jamais fait obstacle, bien au contraire. Certes, mes deux vies n'étaient pas toujours compatibles.

Un jour, à Tokyo, alors que je réunissais mes collaborateurs japonais, le téléphone sonne : Varengeville, la mairie. Je fais mine de devoir quitter la salle pour un appel urgent et je présente mes excuses : « Désolé, c'est important. »

J'entends alors :

— Il y a un cheval qui s'est échappé et qui galope dans le village, que faire, monsieur le maire ? La secrétaire de mairie est absente et les deux adjoints aussi.

— Prévenez vite la gendarmerie et dites que je suis loin.

— Puis-je en profiter, dit le secrétaire stagiaire, pour vous demander s'il faut envoyer des fleurs à la centenaire ?

— Bien sûr, je vous rappelle ce soir.

Dans ces moments-là, le maire que j'étais avait envie d'envoyer de l'huile bouillante sur la mairie.

À la municipalité, j'étais organisé et soutenu.

Mon premier adjoint, dès le deuxième mandat, devint mon bras droit. Il exerçait à plein temps sa responsabilité. D'une loyauté impeccable, il remplissait sa tâche avec abnégation et courage.

Comme j'étais absent toute la semaine, et souvent en voyage à l'autre bout du monde, il recevait de plein fouet toutes les critiques et c'était dur pour lui.

Je le savais, je m'en inquiétais. Il aimait cette fonction de maire adjoint. Excessif parfois, il était passionné et j'avais une confiance totale en lui. Mon second adjoint était d'un autre style, très complémentaire, il jouait dans l'équipe un rôle de modérateur. J'aimais sa personnalité, respectais ses convictions et l'appréciais plus qu'il ne l'a jamais su.

Ma secrétaire de mairie joua un rôle primordial dans la gestion des affaires. Non seulement elle fut ma courroie de transmission, mais elle entretenait avec les habitants, les visiteurs et l'administration des relations d'une qualité exceptionnelle.

Nous partagions toutes les informations. D'une discrétion absolue, elle me renseignait sur les personnes, leurs difficultés, sur l'état d'esprit des conseillers, ce qu'ils ne me disaient pas ; elle me passait leurs messages en n'exagérant rien, toujours avec ce sens de la mesure, ce recul qui était sa force. Je lui suis profondément reconnaissant car, sans elle, je n'aurais pu assumer cette charge. Dans la gestion quotidienne, la surveillance des recettes et dépenses, elle était ma « tour de contrôle ».

Une perle. Pour un maire de village, la secrétaire de mairie est « vitale », tous mes collègues le savent.

Les conseillers municipaux assumaient leurs rôles. Dans mon conseil, il y avait ceux qui travaillaient, nombreux, et ceux qui rapidement prenaient le large, une minorité. Je m'appuyais sur quelques conseillers motivés que j'avais identifiés et à qui je confiais des missions précises.

La mairie n'est pas une entreprise. Le résultat ne figure pas au bilan. Le maire est jugé sur son empathie, sa disponibilité, sa réactivité, sa capacité à décider et à faire ! Ce qu'il fait est visible. Je passais de patron dans le business à patron dans la mairie, et j'avais intérêt à ne pas me tromper de « crémerie ». Les critères de réussite n'ont rien de commun. Je n'étais pas nommé, mais élu.

Je gérais le personnel dans la fonction publique territoriale, et la persuasion était mon atout maître. Il me fallait convaincre, vendre mes idées et avancer avec les armes dont je disposais, l'encadrement législatif qui m'enveloppait, et une patience dont je n'avais pas l'habitude. J'avais fort heureusement choisi mes équipiers. Ayant renvoyé trois ou quatre conseillers à leurs chères études à la fin de mon premier mandat, j'avais pris soin de m'entourer de ceux que je connaissais et dont j'étais certain de la loyauté. Je me sentais à l'aise avec mon équipe, sécurisé, épaulé.

Aux élections pour le deuxième mandat, j'avais une liste contre moi. Ces candidats ont fait campagne sur le thème « Il n'est jamais là », et m'appelaient « VSD, vendredi, samedi, dimanche » ; c'était juste, encore que, le dimanche, je rentrais à Paris après le déjeuner. Mais, peine perdue, ils avaient oublié que je travaillais, que j'étais un enfant du pays, que je m'occupais des gens et qu'au fond, comme on dit maintenant, je « délivrais ». J'avais des résultats.

Le dimanche, en rentrant à Paris, j'emportais les dossiers de la mairie qui nécessitaient mon avis ou une intervention, et je réglais tout cela en semaine, le soir, ou tôt le matin, ou entre deux réunions. Je ne les laissais jamais traîner, pour éviter de me retrouver sans réponse à donner, sans nouvelles à apporter à ceux qui m'attendaient.

J'ai appris à aller vite, coups de fil aux services préfectoraux, au conseil général, renseignements à prendre et, dans le même temps, je découvrais les difficultés administratives, la lenteur des services, la qualité de la fonction publique, la disponibilité des uns et des autres, si on sait être clair, précis et aimable.

Je tombais parfois sur des fonctionnaires « en pause déjeuner » et d'autres qui, sachant que je n'avais pas que cela à faire, me rappelaient le soir tard chez moi.

Dans mon boulot, on me parlait souvent de la mairie :

— Vous êtes maire, me dit-on ! L'un de mes amis, un de vos administrés, ne vous aime pas du tout, vous avez refusé l'agrandissement de sa maison.

J'avais aussi :

— Mais comment faites-vous ? Vous habitez là-bas ?

— Il paraît que vous avez des problèmes en ce moment avec la falaise ?

À Paris, j'entendais tout : recommandations, critiques, satisfecit, j'écoutais, j'étais devenu insensible aux compliments, mais toujours heurté par les critiques, dont certaines me paraissaient infondées et injustes. D'autres, plutôt méritées. Mon arme absolue était l'humour. L'humour fait vaciller les discours trop sûrs d'eux-mêmes, et j'éclatais de rire à bon et mauvais escient. Toutes ces remarques glissaient sur moi sans m'atteindre, car ce mandat me passionnait. On peut agir sans dépendre des tsunamis politiques. Les gens nous respectent, ou plutôt nous respectaient, car, aujourd'hui, il y a une violence que je n'ai pas connue dans les relations entre les citoyens et les élus.

Chaque année, les 8-Mai, 14-Juillet ou 11-Novembre, pour animer la cérémonie, je faisais parler des enfants. Je mettais le drapeau français et le drapeau européen, ensemble, toujours. Je remettais des médailles, la croix du combattant, la médaille d'Afrique du Nord, la médaille départementale et communale, et, à chaque fois, fleurs pour madame, petit mot pour monsieur, tenue parfaite, photo impérative dans le journal local. Je conviais toujours mon prédécesseur, et tous les conseillers municipaux, anciens et actuels, les enfants des écoles, les professeurs, les présidents et les membres de toutes les associations, les commerçants, les artisans.

Le président des Anciens combattants prenait la parole en premier et oubliait de me la rendre. Il n'en finissait pas, se lançait dans des leçons d'histoire qu'il apprenait par cœur. Les enfants avaient envie de jouer, comment l'arrêter ? Il ne se rendait pas compte que j'attendais mon tour, je lui donnais des petits coups dans le dos, et la machine à paroles se grippait enfin ! Je lui répondais, soignais mes discours, toujours brefs, concluais par une *Marseillaise* chantée en chœur avec la musique, si toutefois la sono fonctionnait, et, chaque 8-Mai, j'ajoutais *le Chant des partisans*, que j'aime tant. Et hop ! Le verre tant attendu de l'amitié.

Il y avait, bien sûr, chaque année, les vœux du maire. Là, il y avait foule. C'est l'occasion de dire ce qui a été accompli et ce qu'il est prévu de faire dans l'année suivante. J'essayais de fixer une ligne pour l'avenir, montrer les perspectives et annoncer de bonnes nouvelles, concrètes.

C'est surtout le moment d'inviter chacun à faire la connaissance des nouveaux arrivants, que j'avais conviés, et à échanger avec tout le monde.

J'aimais cette cérémonie chaleureuse et conviviale qui nous réunissait.

La vie du maire.

Dans le même temps, il faut gérer. Notre budget était de 4 millions de francs en 1995, et de 800 000 euros à la fin de mes mandats. Les impôts locaux n'augmentaient pas, les emprunts étaient plus élevés, mais la dette demeurait sous contrôle grâce aux aides multiples dont nous bénéficions. Nous enterrions les lignes électriques chaque année et l'amélioration de la voirie était une constante. Les investissements se multipliaient, la commune était en chantier, les responsabilités des uns et des autres bien assumées.

Je poursuivais ma vie professionnelle sans trop d'obstacles.

Ma femme participait à mille événements dans la commune, avait noué des relations personnelles avec les habitants, les responsables d'associations, le personnel municipal. Elle écoutait les uns et les autres, et m'évitait incompréhensions et erreurs. Son empathie et son écoute compensaient mon attitude parfois « cassante », comme on me le disait, « sèche », ou ma « vitesse » : « On ne vous comprend pas, vous allez trop vite. » Bref, elle apportait de la douceur à mon management et me donnait de bons conseils.

La femme du maire, qui n'est pas élue – et les Français le soulignent –, est néanmoins une clef du succès ou de l'échec de son « maire de mari ». Il en est de même pour les conjoints des femmes qui sont maires. Mais c'est le maire qu'on veut voir, « le bon Dieu et pas ses saints », ai-je souvent entendu.

La démocratie locale se pratique avec subtilité !

Macumba

C'est Macumba qui m'a donné l'idée d'un lotissement au centre du village, juste derrière la poste. « Macumba », on l'appelait ainsi, habitait une caravane pourrie sur un terrain privé et vivait misérablement. Elle ne savait où aller. Ses ressources étaient si faibles que nous ne pouvions lui trouver un logement. Je voyais monter les prix des maisons, les loyers devenaient exorbitants et ma crainte était que le village devienne une réserve de riches et de vieux. Dans le même temps, l'école qui venait d'être construite avait besoin d'enfants et je me devais d'attirer des jeunes pour faire vivre le groupe scolaire.

J'ai donc proposé au conseil municipal un projet complet de vingt et un logements HLM de qualité, logements locatifs. Immédiatement, la liste des candidats est devenue impressionnante : les loyers étaient modérés, le cadre très agréable, l'architecture séduisante.

J'avais l'idée d'un concept architectural qui me rappelait les États-Unis, de petites maisons basses comme on en voit en Californie, avec pour chacune un jardin. Je voulais reproduire ce que j'avais vu à Berkeley, lorsque j'étais étudiant. Il me fallait convaincre l'architecte des HLM. Ce lotissement était indispensable pour éviter le syndrome « week-end », réservé aux résidents secondaires, et pour démontrer que les commerçants, artisans pouvaient investir dans notre communauté, car, toute la semaine, il y aurait des clients, en plus des week-ends.

Malgré les réticences de certains venus m'expliquer que seuls les Varengevillais « de souche » devaient pouvoir accéder à ces nouveaux logements, j'étais décidé à accueillir des candidats de l'extérieur. Je déteste cette expression, « de souche », entendue trop souvent, et je me suis efforcé de faire venir des « étrangers », vivant parfois dans des conditions difficiles à 20 kilomètres du village.

Les travaux de la nouvelle résidence pouvaient démarrer. Les plans me convenaient parfaitement. Le conseil municipal avait approuvé le projet, la liste des candidats était bouclée. Le terrain acheté par la commune et mis à la disposition des HLM, on pouvait construire vingt et un logements sociaux de qualité. L'emprunt n'avait posé aucune difficulté. Tout était en ordre ; le feu vert, donné.

Il m'a fallu une bonne dose d'humour lorsque j'ai reçu une lettre des HLM m'expliquant que le lotissement derrière la poste était à 490 mètres du manoir d'Ango, monument historique classé, et que le permis de construire devait alors être soumis à l'architecte des Bâtiments de France, car nous étions dans le sacro-saint périmètre des 500 mètres. Le maire ne peut pas tout savoir. Les services de l'équipement chargés d'instruire le permis de construire ne m'avaient pas prévenu de cette contrainte. La propriétaire du manoir d'Ango attaquait le permis.

Le manoir d'Ango est un témoignage des chefs-d'œuvre de la Renaissance italienne en France. Construit entre 1530 et 1544 sur la terre que l'armateur Jean Ango avait acquise en 1525, on raconte que François Ier y a séjourné. Le bâtiment est exceptionnel. J'aime son superbe colombier de silex, de grès et de briques, qui pouvait héberger plus de trois mille pigeons, et son toit d'influence byzantine. J'ai des souvenirs d'enfance, fêtes, dîners, balades dans toutes les dépendances de ce beau manoir.

L'occupante des lieux est l'une des propriétaires, la seule qui vit là, en permanence. Elle fait preuve d'une énergie redoutable, m'attaque, m'insulte publiquement pour nous empêcher de construire ces logements qui, dit-elle, « vont défigurer le paysage » et sont « inacceptables dans le périmètre du manoir ». Elle oblige à réviser le permis, bordée d'avocats, dépose un recours devant le tribunal administratif et un sursis à exécution à l'encontre de la société HLM et de la mairie.

Cette bataille me pèse, me prend du temps, d'autant plus que les familles attendent et m'interrogent, avec une impatience que je comprends, mais que puis-je dire ? Tout est absurde dans ce recours, on ne peut voir le lotissement depuis le manoir, c'est impossible, il y a des arbres, des propriétés, des routes qui s'interposent.

Je prends un avocat pour défendre la position ; bref, c'est très désagréable.

J'en perds mon latin lorsqu'un soir le directeur régional des affaires culturelles, chargé du patrimoine, qui défendait « mordicus » le projet soutenu par l'ABF, me dit qu'il est muté dans le Gard ! Sanctionné ? Probablement.

Je suis fou de rage que cet homme soit victime de je ne sais quelle influence. Mais que faire ?

Et le hasard fit à nouveau bien les choses.

Le soir même, j'allais au théâtre à Paris et, dans la salle, derrière moi, je vois le ministre de la Culture. Un coup de chance.

Je ne le connaissais pas, je ne l'avais jamais vu. Les hommes politiques sont ainsi faits, on peut les aborder, ils vous reconnaissent toujours. Tout dépend de la manière dont on leur parle.

— Monsieur le ministre, comment allez-vous ?

— Merci, et vous, comment allez-vous ?

— Mal, je suis confronté à une injustice, sur un dossier difficile, qui concerne l'un de vos fonctionnaires à Rouen, dans mon village, dont je suis le maire.

Il tend l'oreille. Je lui explique. Il voit dans mon regard que c'est grave et que je ne lui raconte pas d'histoires.

— On peut en parler demain, appelez-moi, monsieur le maire.

Le lendemain, il avait regardé le dossier.

Le ministre m'a tout expliqué et j'ai la pudeur de garder pour moi ce qui s'est exactement passé. Le fonctionnaire n'est jamais parti pour le Gard, il a terminé sa carrière en Normandie, et le lotissement a été construit.

Le ministre s'en est réjoui et m'en a reparlé des années plus tard, en souriant. Il avait corrigé le tir.

Le train passait, je ne l'avais pas laissé filer.

Macumba finit ses jours dans un petit appartement de cette résidence, loin de sa roulotte délabrée.

Un détail qui change tout

Dans ma vie professionnelle, mon patron était un obsédé du détail, j'étais à bonne école. Il avait un regard perçant qui le faisait plonger sur le petit quelque chose qui n'allait pas. Une couleur imparfaite, une peau de crocodile mal coupée, une couture qui n'était pas droite, une cravate dont la doublure vrillait. Tel un épervier qui fonce sur sa proie, il voyait tout.

— Occupe-toi de ce détail, m'enseignait-il, occupe-toi de tout ce qui cloche, regarde, ne lâche jamais : le détail, c'est l'essentiel.

Il me confiait un de ses secrets dont je fis mon miel.

À la mairie, j'avais retenu la leçon.

EDF avait la mauvaise habitude de parsemer le village d'affreuses boîtes blanches, installées devant les maisons et un peu n'importe où, pour l'alimentation en électricité, sans tenir aucun compte de l'environnement végétal. Une abomination esthétique. Je ne voyais que ces gros cailloux blancs qui émergeaient comme des phares. J'appelai EDF et leur demandai de nous livrer les boîtes en couleur vert foncé. Je voulais du vert et pas de blanc.

– Impossible, me dit-on, c'est la seule couleur dont nous disposons.

J'apprécie la souplesse de ces monstres administratifs qui tiennent des discours opposés à la réalité.

À la radio, dans les journaux, les communicants d'EDF racontaient qu'ils étaient « à l'écoute des clients », j'en avais la preuve.

Puisqu'il était impossible à EDF de modifier la couleur de ses boîtes électriques, je pris la décision de les peindre en vert foncé. Nos trois cantonniers se mirent au travail. À chaque livraison EDF de ces blocs, on passait du blanc au vert. Au vert foncé ! Le vert clair aurait été pire que le blanc.

Personne aujourd'hui ne voit plus ces couleurs dérangeantes. Le village est vert, les pelouses aussi, à l'exception de l'été 2022, et les blocs EDF ont disparu, cachés dans l'herbe des talus.

Un détail ? Un détail qui change tout.

*

Les fils électriques se balançaient au gré des vents ; et les vents soufflent en Normandie, au bord de la mer. Les ruptures de courant étaient fréquentes. Réfrigérateurs et congélateurs en panne, chauffages arrêtés, rues sans lumière. À chaque tempête, je recevais plainte sur plainte. Trente ans ont été nécessaires à la commune pour enterrer les fils. Chaque année, j'inscrivais en priorité – et tous les conseillers étaient d'accord – la dépense correspondante. Rue par rue, budget après budget, trente ans pour éliminer ces fils électriques qui jalonnaient nos chemins. Aujourd'hui, ni les ouragans ni les tempêtes ne nous plongent dans le noir.

Il nous restait à choisir les nouveaux luminaires. Dur combat ! Tous les villages voisins avaient opté pour des poteaux surmontés d'un globe, le plus souvent avec une lumière blanche agressive. Nous avons choisi des luminaires très simples de couleur noire, avec des cloches à la place des globes.

Et, en sus, une lumière jaune, douce et reposante. Un détail essentiel.

*

Nous étions les derniers des Mohicans à refuser d'indiquer le nom des rues.

Je tenais bon, c'était le souvenir de mon enfance, ces rues sans nom, mystérieuses, que seuls les habitués connaissaient. Je finis par craquer lorsque le préfet nous donna instruction – ordre – de poser des noms de rue, « comme tout le monde » et « pour la sécurité ». Il est vrai que le SAMU avait erré dans le village avant de trouver le malade qui avait eu une crise cardiaque, et qui avait porté plainte contre la mairie.

Fallait-il parsemer nos chemins de ces horribles plaques en fer, de couleur verte, qui défigurent le paysage ?

Après quelques recherches, notre équipe municipale s'accorda pour accepter une proposition de l'Office national des forêts : des plaques en bois, une typographie fine et lisible, le tout monté sur des poteaux en bois. Le préfet fut rassuré. À présent, le SAMU se repère facilement. On ne m'a plus reproché d'être un maire inconscient.

Un autre détail qui change tout.

Charles Marq et Raoul Ubac

Je n'en avais pas fini avec le patrimoine.

Nous ne pouvions laisser les vitraux de l'église en l'état. Deux d'entre eux attiraient les regards des visiteurs : l'arbre de Jessé de Braque et celui de Raoul Ubac, juste à côté. Les autres étaient des vitres blanches, sans intérêt – en dehors de deux vitraux du XIXe siècle –, que j'aurais voulu dynamiter. Une rencontre fortuite avec Charles Marq, venu à Varengeville rendre visite à l'un de ses amis, modifia le cours des choses.

On m'appelle, je vais le voir et il me dit que « Raoul » a dessiné des maquettes, perdues on ne sait où, pour cinq ou six vitraux de l'église.

— Où sont les maquettes ?

— Qui peut le savoir ?

Dans ma vie de maire, cette rencontre demeure un souvenir impérissable, un bonheur.

Brigitte Simon, fille de Jacques Simon, le célèbre maître verrier de Reims, et son mari, Charles Marq, ont repris l'atelier paternel et se sont initiés à l'art du vitrail. Charles est devenu le maître verrier attitré de Chagall et a réalisé des vitraux pour la cathédrale de Metz, de Reims, mais aussi au MoMA, à New York, ou installé ceux de Chagall pour Jérusalem après les avoir montrés au musée des Arts décoratifs, à Paris.

À Varengeville, il se sent bien, me dit-il, très lié à Braque et à Ubac, pour lesquels il a réalisé les vitraux de la chapelle de la Fondation Maeght, à Saint-Paul-de-Vence. Il me parle de Poliakoff, de Vieira da Silva et de Foujita pour la chapelle de Reims, et ajoute :

— Monsieur le maire, si vous trouvez ces maquettes, je réaliserai moi-même les vitraux.

J'appelai Jean Lecanuet, président du conseil général, qui me promit de me soutenir si je trouvais ces maquettes disparues.

Me voilà à Montmartre, chez Agui Ubac, la femme de Raoul. La vieille dame m'ouvre la porte de son petit appartement d'artiste. Un capharnaüm, des papiers partout, des tableaux posés à même le sol, des cadres vides, des sculptures d'Ubac, noires, belles, un oiseau, une assiette signée de Picasso, que j'aperçois au fond, une aquarelle de Chagall, des têtes de femmes aux visages colorés. Un grand dessin retient mon attention, deux personnages tout en bleu, un bleu très vif, presque enlacés.

— C'est pour une église en Autriche, je crois, dit madame Ubac.

J'en viens à ma question :

— Est-il exact que votre mari a réalisé des maquettes pour l'église de Varengeville ?

— Oui, Raoul a fait cela, il y en a cinq, mais je crois qu'il les a perdues. Elles ne sont pas chez nous, peut-être au ministère de la Culture, et si vous les trouvez, ajoute-t-elle, il faut faire les vitraux avec Charles.

Il me restait à dénicher ces fameuses maquettes. J'étais très ému de penser que ces maquettes avaient existé et par le fait que madame Ubac me le confirmait. J'avais envie de rhabiller l'église de ces vitraux dont j'ignorais tout, comme pour laisser derrière moi un souvenir dont je suis le seul à connaître l'histoire.

À quoi pensait le petit garçon que j'avais été et qui servait la messe ? Il n'imaginait pas être un jour le « maire » de cette église. Je repense souvent à ces moments de complicité avec les enfants du pays, nous tous en aube rouge et calotte de la même couleur sur la tête, ces mots échangés devant le prêtre qui était « sourd comme un pot », ces blagues qui nous faisaient rire à l'instant même où nous devions rester sérieux et impassibles, oubliant d'actionner la clochette au moment de « l'élévation », avec en prime le regard foudroyant du curé.

Je voulais ces vitraux, retrouver ces cartons et, au fond de moi, gourmand, je rêvais de mener à bien ce chantier, avec Charles Marq lui-même.

Un maire peut se transformer en Sherlock Holmes.

Le ministre de la Culture me crut sur parole. Après avoir appelé Marq, prudence toute légitime, il chercha. Il trouva. Les cinq cartons étaient rue de Valois, bien rangés dans je ne sais quel placard. Je suis allé les chercher et les ai confiés à Charles.

Charles m'appela quelques jours plus tard, heureux comme un enfant qui retrouve son jouet qu'il croyait cassé. Les cartons étaient impeccables.

Ce fut une aventure extraordinaire de cheminer avec Marq sur le chemin de la réalisation de ces vitraux. Mon ami Jérôme Clément ressentit la même joie lorsqu'avec Tahar Ben Jelloun ils réalisèrent les superbes vitraux de l'église du Thoureil, devant la Loire.

Le maître verrier interpréta le dessin de l'artiste et, connaissant parfaitement Ubac, s'imprégna de ses couleurs pour les magnifier.

Je voyais Charles régulièrement dans mon bureau lumineux de Pantin, où il venait avec ses cartons sous le bras : « Comment trouves-tu ce bleu, ce rouge ? » ; « Parlons du rouge, tu le vois rouge orange, rouge clair, plus sombre ? » ; « Et ce bleu, toi qui connais le lieu comme moi, tu crois que c'est un bleu de la mer, je veux dire le bleu de la Manche, pas le bleu des mers du Sud ? »

Nous avons passé des heures à Pantin, Varengeville, et un jour à Reims avec tous les conseillers municipaux pour suivre l'avancement des travaux. Je voyais qu'il croisait son regard avec celui d'Ubac et qu'il se posait des questions : ai-je respecté, ai-je trahi, ai-je mal compris ? Ils travaillaient en duo, le vivant et le mort, Ubac l'ami de toujours, le copain de Braque, présent dans tous les dessins et gestes de Charles, sous l'œil impitoyable de Brigitte Simon. J'observais.

Le travail avançait, nous étions proches de l'aboutissement, les cinq vitraux rouges et bleus étaient là, sur la grande table des Ateliers Simon. La pose des vitraux se réalisa sans difficulté. La protection grillagée se fit discrète, mais indispensable : on ne sait jamais, un jet de pierre, une idée folle d'un visiteur.

Le financement fut aisé, madame Ubac avait offert les cartons, Lecanuet accorda la subvention nécessaire, les « amis de l'église » furent généreux. « Le jeu en valait la chandelle », me dit mon second adjoint, homme de Dieu.

Les vitraux une fois installés, Charles se sentit abandonné, comme s'il vivait une rupture. Les vitraux étaient là, baignés par le soleil. Plus rien n'appartenait au maître verrier, dépouillé, nu devant son œuvre, détaché, presque absent.

Je percevais sa tristesse. Son travail accompli, il ne manifesta aucune joie, me dit qu'il partait et que c'était fini. Il ajouta :

— Si tu veux un jour un tableau de moi, j'en serai heureux. À Varengeville, j'ai terminé.

— Mais Charles, c'est toi qui as réalisé tout cela, c'est magnifique, tu peux être fier.

— Non, me dit-il, c'est Raoul. J'ai fait cela pour Raoul.

La lumière de l'église, changeante, balayée par les vents, le ciel et la mer, se chargea de le rassurer. Il m'écrivit cette lettre personnelle, de sa magnifique écriture, en janvier 1999.

> « J'ai connu Raoul Ubac grâce à Aimé Maeght, son marchand, lorsque ce dernier lui a demandé, comme également à Georges Braque, les maquettes pour les vitraux de la chapelle de la Fondation Marguerite et Aimé Maeght, à Saint-Paul-de-Vence.
>
> Je connaissais son œuvre et l'admirais profondément. Mais connaître l'homme et surtout travailler avec lui fut pour moi une chance et une des vraies joies de ma vie.
>
> L'homme était à la fois simple – la simplicité de l'artisan – et mystérieux, le mystère des âmes visionnaires et riches. Sa simplicité cachait sa richesse.
>
> Pour le dire en quelques mots, si je connaissais sa participation au surréalisme par ses photographies et ses écrits, c'est en le connaissant mieux que je découvrais sa nature poétique : il lisait la poésie romantique allemande, la langue qu'il parlait couramment et la poésie française contemporaine, qu'il illustra magnifiquement comme on sait.
>
> Mais ce qui fut important pour ma propre vie d'interprète, c'est que nous avons assisté, ma femme et moi, à côté de son travail inlassable, inquiet et

inquiétant, à sa recherche de “la grande forme” dans “l’exercice de la pureté”, comme il l’appelait déjà à ses débuts.

Cette grande forme que nous admirons dans ses sculptures monumentales, comme d’ailleurs dans tout son art, nous rappelle l’Égypte, les Cyclades ou les statues-colonnes de l’art roman.

Cette simplicité qui permet la pureté nous transporte au sommet de l’art, lorsque l’artiste disparaît derrière l’art par la grâce de la perfection et de l’amour de son métier.

Les vitraux de Varengeville dans leur conception appartiennent à la même recherche : laisser passer la lumière, afin qu’elle illumine l’architecture et devienne intérieure.

Le vitrail est d’abord une pierre translucide.

C-M »

Lecanuet et Paul Valéry

Pour inaugurer les vitraux d'Ubac, je souhaitais réunir tous ceux qui nous avaient soutenus dans l'aventure. Madame Ubac, en premier lieu, ainsi que Charles Marq et Brigitte Simon, son épouse. C'était l'occasion de remercier Jean Lecanuet et, pour « couronner » la cérémonie, j'avais convié Laurent Fabius, Jean-Louis Bourlanges et Ladislas Poniatowski. Tous étaient de la région. Le préfet de l'époque, Jean-Claude Quyollet, était au premier rang et devait s'exprimer en dernier, comme c'est l'usage pour le représentant de l'État.

Jean Lecanuet prit la parole et se lança dans un discours sans notes, qui tétanisa l'assistance. L'homme était si mal, si malade ; il était à quelques mois de sa mort. Il se mit à réciter un poème, « Le Cimetière marin » de Paul Valéry :

« Ce toit tranquille, où marchent des colombes,
Entre les pins palpite, entre les tombes,
Midi le juste y compose de feux

La mer, la mer, toujours recommencée
Ô récompense après une pensée
Qu'un long regard sur le calme des dieux ! »

Et il ajouta :

« Notre Manche a des couleurs plus changeantes, plus vibrantes et plus impressionnistes que la Méditerranée, ici sur notre côte, sur ce promontoire qui a inspiré les hommes, parce que cette terre recevait la lumière, ici notre Normandie avait un souffle, et la France une âme. »

Le silence remplissait l'église.

Lecanuet déclara sa foi, invoqua les poètes et Dieu, saint Valéry, dont l'église porte le nom, Braque et Ubac. Nous regardions cet homme à l'allure cadavérique donner une dernière parole publique, avec simplicité et profondeur, comme s'il nous livrait sa vérité intime, devant ces vitraux. Il disait adieu à la Normandie, à ce village qu'il aimait, à nous tous, réunis là pour célébrer la beauté et le talent. Il se parlait à lui-même.

Le préfet Quyollet, qui devait conclure, rassembla ses notes et se tut. Il n'y avait rien à dire, il ne pouvait rien dire, rien ajouter. Sa parole, fût-elle celle d'un préfet, aurait été indélicate, dérangeante. Il choisit le silence et nous laissa emporter le souvenir d'un seul discours, celui d'un autre.

Je raccompagnai Jean Lecanuet à sa voiture. Nous marchions lentement dans le « cimetière marin ». À ce moment-là, j'aurais aimé me souvenir des dernières lignes du poème de Valéry :

« Le vent se lève… Il faut tenter de vivre ! L'air immense ouvre et referme mon livre. »

Chancelant, il me dit : « Au revoir, monsieur le maire, on ne se reverra pas, n'est-ce pas, je suis heureux d'être venu. »

Il est mort six mois plus tard.

Les nudistes

Au conseil municipal, l'inquiétude se lit sur les visages. Je me doute de ce qui se passe. La semaine précédente, j'avais reçu la visite d'une citoyenne effarée, hors d'elle, furieuse, qui venait m'annoncer une horrible nouvelle :

— Monsieur le maire, il y a des nudistes sur la plage, c'est intolérable.

Fou rire mal dissimulé. J'ai eu la mauvaise idée de faire une remarque sarcastique :

— En voilà, un drame ! Mais comment le savez-vous ? Tenez-vous à distance, chère madame !

Colère de la dame.

— Et ce sont des hommes, monsieur le maire, et rien que des hommes.

Là, c'était le sommet, l'inconcevable, du jamais-vu !

— Fermez les yeux, chère madame, ne vous approchez pas de ceux que, plus tard, une ministre en perte de repères appellera « ces gens-là »...

Je lui promettais de m'en occuper, sans avoir la moindre idée de ce que je pourrai faire.

Un conseiller osa aborder le sujet en plein conseil municipal :

– Vous savez qu'il y a des nudistes sur la plage de Varengeville, il faut interdire, monsieur le maire, il faut prendre un arrêté.

J'avoue que je ne m'attendais pas à traiter ainsi cette question, par naïveté certainement. Mais non, c'était le sujet principal discuté dans la commune. Je voyais mal comment j'allais rédiger cet arrêté. J'avais une envie irrésistible de rire, quand je leur dis :

– Avec le temps qu'il fait en Normandie, les nudistes ont peu de chance de rester nus longtemps, c'est complètement fou de choisir d'être à poil sur le sable froid et pluvieux devant la Manche et sous les falaises.

Je m'étais laissé aller. La rumeur que le maire laissait faire s'amplifiait.

Les semaines s'écoulaient, et toujours pas d'arrêté du maire. La presse locale, alertée, en faisait ses choux gras ! Le conseil municipal bruissait de rumeurs, « on avait vu des hommes nus même dans le village ». C'était inexact.

Le mois de février calma les esprits. Les nudistes plièrent bagage. Mais ils revinrent en juillet, en s'installant loin de la plage, derrière les rochers, à l'écart des familles et des baigneurs.

La dame en colère ne me lâchait pas, et je lui redis : « Mais qu'allez-vous faire là-bas ? Laissez-les tranquilles ! »

Et puis un dérapage apporta de l'eau à son moulin. Un nudiste imbécile remonta, dans la tenue d'Adam, le petit chemin qui menait à l'église. Affolement général. Je le pris donc, cet arrêté interdisant le nudisme. Mais ce que je craignais se produisit : grosse publicité, afflux de nudistes, une erreur fatale. J'appelai alors la gendarmerie pour faire respecter mon arrêté. « Vous plaisantez, monsieur le maire, nous ne sommes pas les gendarmes de Saint-Tropez, me dit leur chef, on ne va pas se ridiculiser en tenue chez les nudistes ! Et sur la plage ! »

Cependant, mes deux amis les plus fidèles en Normandie, le froid et sa compagne la pluie, eurent raison des audacieux nudistes, qui se mirent à geler. Ils prirent leurs quartiers d'été dans le Sud, sous le soleil du Midi, et ne revinrent pas, ou rarement et discrètement. Il paraît qu'ils sont réapparus cet été.

Certes, nous n'avions pas anticipé le réchauffement climatique.

Un conseil, pas d'arrêté du maire.

Pour mes œuvres

L'un de « mes » concitoyens avait simplement décidé de se passer d'un permis de construire pour agrandir sa maison.

Certes, on peut compter sur les dénonciations anonymes. J'avais l'habitude de mettre à la poubelle sans les lire toutes les lettres qui n'étaient pas signées. J'en recevais, et je détestais cela. J'ignorais que, quelques années plus tard, nous serions confrontés aux réseaux sociaux, à ces immondes commentaires qui jettent l'opprobre sur n'importe qui sans que leurs auteurs aient le courage de se montrer. Nous n'en étions pas encore à ce stade dégradé de l'esprit public.

Or, cette fois, la dénonciation n'était pas anonyme. C'était un voisin, amoureux de la nature, qui était venu me demander pourquoi j'avais autorisé une extension en pleine forêt. Je n'avais rien autorisé. Discrètement et sous le manteau, un confortable agrandissement de la maison avait vu le jour !

Je me rendis sur place, et l'auteur de cette construction sauvage me demanda « ce [qu'il pouvait] faire pour [mes] œuvres ».

— Je manque d'œuvres, vous ne pouvez rien faire, cher monsieur. Par contre, je vous donne deux semaines pour éliminer ce que vous avez construit.

Deux semaines plus tard, rien n'était fait ! La moutarde m'est montée au nez, mes œuvres, mes œuvres, il va les voir, mes œuvres ! Je suis revenu accompagné de deux gendarmes, ce sont eux, « mes œuvres », lui ai-je dit. L'extension a disparu comme par miracle.

Un maire n'a pas d'œuvres.

Un mariage dans une cuisine

Le samedi après-midi, le mariage est au programme. Le maire est officier d'état civil.

Quand j'étais à Paris ou à l'étranger, l'un de mes deux adjoints me remplaçait. Quand j'étais là, j'allais à la mairie. J'avais une règle, je voyais toujours les futurs mariés avant le jour de la célébration, les interrogeais pour les connaître et préparer un petit discours adapté à leur personnalité, à leur vie. C'est très instructif. Je voyais vite, avec l'expérience, à qui j'avais affaire. Je ressentais les liens profonds ou superficiels qui les unissaient et me trompais rarement. J'en ai marié beaucoup.

Je faisais très attention à m'habiller correctement, costume et cravate. Les familles sont très sensibles au protocole, à cette cérémonie qui doit être bien menée. Rien n'est pire que de bâcler le mariage, arriver en retard, ne rien dire, croire qu'il suffit de venir n'importe comment, en tenue décontractée. C'est juste ce dont les gens ont horreur. Ils ne le diront pas, mais vivront cette légèreté comme un manque de respect. Certains, à l'Assemblée nationale, devraient le comprendre.

J'ai appris que chacun doit recevoir le même traitement, même rite, même attention, quels que soient les mariés, célèbres ou anonymes, modestes ou de famille aisée. Je n'ai jamais fait la moindre différence et prenais soin de marier toutes les catégories sociales de façon identique. On le savait, je n'étais pas le maire d'un clan, d'une catégorie, d'un milieu social.

Il m'est arrivé, un jour, un curieux incident.

Comme d'habitude, je reçois les deux candidats au mariage. Un vieux monsieur et une très jeune femme. Vraiment très jeune. Je m'amuse en mon for intérieur, lui environ 80 ans, et elle 25, une petite différence d'âge ! Là n'était pas le problème. Je lui demande s'il est heureux de se marier. Pas de réponse. J'insiste :

— Alors, monsieur, vous voulez vous marier quand ?

Elle répond :

— Très vite, monsieur le maire.

J'insiste :

— Et vous, monsieur ?

Pas de réponse. Mutisme. J'insiste encore :

— Mais monsieur, dites-moi !

Rien. Je me sens très mal à l'aise et la jeune femme, qui s'en aperçoit, me dit :

— Concluons, fixons cette date rapidement, s'il vous plaît, sur un ton comminatoire dont j'ai horreur.

Je dis non. Elle, furieuse, me menace :

— J'irai voir le procureur de la République.

— Allez-y, madame.

Et, le mardi suivant cette séance, nous recevions du procureur de la République et par fax l'ordre de marier ces deux-là, « dans leur maison ». Une première !

Nous voilà, le samedi suivant, notre secrétaire de mairie et moi, deux voyageurs étranges, avec écharpe de maire, textes de loi et registre dans une cuisine. En face de nous, un vieux monsieur silencieux et une jeune femme loquace, ravie du tour qu'elle vient de nous jouer.

Je procède aux formules d'usage.

— Voulez-vous épouser monsieur X, madame Y ?

— Oui.

— Et vous, monsieur X, voulez-vous épouser madame Y ?

J'entends un son guttural.

Bref, aussitôt dit, aussitôt fait, la demoiselle signe, le vieux monsieur paraphe à peine. Nous voilà partis, bras dessus, bras dessous, effarés, et je ne puis m'empêcher de dire à notre secrétaire de mairie :

— Elle est bien bonne, celle-là. Dans ma vie de maire, c'est en effet une première. Et pour vous, madame ?

— Jamais vu cela !

Plusieurs mois se sont écoulés lorsqu'un jour une lettre recommandée arrive en mairie. Le « vieux marié » en question avait des héritiers, ce que nous ignorions. Il était mort, ce qui ne m'a pas étonné, et ils attaquaient le maire pour avoir célébré un mariage alors que le vieux monsieur « n'était pas en état de se prononcer », affirmaient-ils.

La lettre du procureur me demandant de marier le couple clôtura l'incident. Les héritiers se retournèrent contre l'État. Mon instinct ne m'avait pas trompé.

Drôle de métier, celui de maire.

Acid-Music

J'avais l'habitude de recevoir des inconnus, promoteurs intéressés par un terrain, d'autres qui venaient m'interroger sur l'évolution du village, nos besoins, nos objectifs, ou me poser une question personnelle, de nouveaux habitants qui se faisaient connaître, une démarche courtoise qui me faisait plaisir. C'est toujours une bonne idée d'aller se présenter au maire de la commune.

Deux messieurs en costume bleu marine, élégants, du genre banquiers, attendaient dans l'entrée ce matin-là. J'ouvre ma porte, ils s'asseyent, et je lance ma formule favorite :

— Quel bon vent vous amène, que puis-je faire pour vous ?

— Nous venons vous informer, monsieur le maire, de notre projet d'organiser une grande fête dans le parc du « château », à Varengeville.

— Une grande fête ?

— En effet, nous prévoyons cinq cents à six cents personnes, mais, rassurez-vous, tout est prévu, ce sera parfaitement organisé, nous avons l'habitude.

— Et vous avez loué le parc ?

— Bien sûr, nous allons signer un contrat de location avec le propriétaire.

— Mais cette fête, quel est son objectif ?

— Nous réunissons nos amis, il y aura de la musique et, bien sûr, vous pouvez nous faire confiance.

— Je vais réfléchir, leur dis-je, revenez me voir dans deux semaines et apportez-moi des précisions.

Je raccompagne ces étranges personnages, très inquiet, dubitatif et ne sachant pas quoi penser de cette possible invasion.

Une semaine passe, je n'entends parler de rien, mais j'appelle le propriétaire de ce « château », qui n'est qu'une grosse bâtisse entourée d'un parc immense, au beau milieu du village. En effet, « nous avons un contrat avec une société étrangère, pour louer le parc pour une fête privée, dans un mois », me dit-il.

Cette réaction conforte mes craintes, mais je n'avais encore rien compris.

« Le préfet cherche à vous joindre », me dit ma secrétaire de mairie par téléphone, alors que je suis à New York. Un coup de fil du préfet n'est jamais anodin !

Je le rappelle.

— J'ai une mauvaise nouvelle, me dit-il, nous venons d'apprendre que se prépare à Varengeville un « rassemblement Acid-Music » prévu dans quinze jours. Je vous préviens, c'est très dangereux. On ne sait ni qui viendra, ni ce qui se passera, ni qui organise cela, mais ce qui est clair, c'est que vous avez le choix. Ou bien vous laissez faire et, nous, on ne garantit rien, ou bien vous signez un arrêté immédiatement interdisant cette réunion, et on s'en occupe, mais il faut faire vite. À vous de décider.

Cela m'a pris cinq minutes pour décider. Je rappelle le préfet, signe l'arrêté, que je lui adresse par fax et par courrier.

Quelques jours plus tard, coup de fil à la mairie, les deux messieurs de l'autre semaine demandent à me voir en urgence.

— D'accord, samedi prochain, pas avant.

À 10 heures précises, ils arrivent, toujours impeccables, costume, cravate, sourire en moins. Une certaine colère se lit sur leur visage. La conversation s'engage sur un ton très différent de celui, trop aimable, de leur première visite. Cette fois-ci, les voilà devenus arrogants et agressifs.

— Nous ne comprenons pas votre attitude, monsieur le maire, cet arrêté interdisant notre réunion au demeurant très pacifique nous choque. Nous pensons aller devant le tribunal administratif en référé pour demander son annulation.

— Ne vous gênez pas, surtout pas, allez-y, je maintiens, confirme et signe. Je ne souhaite pas cette réunion dont je ne connais ni les tenants ni les aboutissants.

— Mais nous nous portons garants.

— Ça ne changera rien.

Et, soudain, la conversation dérape.

— Pour tout vous dire, monsieur le maire, vous mettez en danger notre contrat de location et nos investissements dans cette affaire, nous avons déjà réservé les buffets, vous devez comprendre que vous vous opposez à de gros intérêts.

Là, mon sang ne fait qu'un tour, et c'est moi qui les mets dehors.

— On arrête là, c'est non, c'est définitif.

Furieux, ils sortent, et j'entends : « Il va le payer cher, le maire. »

J'appelle le préfet sur-le-champ qui me prend au téléphone, ce qui me laisse penser que mon inquiétude est partagée. Je lui raconte tout.

— Vous avez bien fait, me dit-il, je vous tiens au courant.

Je rentre à Paris, comme tous les dimanches, et le jeudi le préfet me rappelle.

— Ça se corse, on a affaire à une organisation structurée, je vous dirai de vive voix quels sont les enjeux financiers et ce qui se passe dans ces réunions. Je veux vous confirmer que nous mettons tout en œuvre pour que cet événement soit annulé et interdit.

Je n'étais pas au bout de mes surprises, lorsque le préfet m'appelle encore pour me dire que des forces de police, dont deux cars de CRS, prendront position dans Varengeville le jour J, et qu'en plus le ferry *Newhaven-Dieppe* ainsi que tous les péages sur l'autoroute Paris-Rouen seront contrôlés, car les « amis en question » viendront de l'étranger pour nombre d'entre eux, des Pays-Bas, de la Belgique, d'Angleterre. Je mesure alors – et assez mal – l'impact de l'arrêté et le danger auquel nous échappons.

Le coup de fil suivant ne m'amuse guère.

— On a retrouvé votre photo sur un petit voleur à la tire dans un supermarché de Rouen, et nous n'aimons pas cela, me dit le préfet. Alors, pour quelques jours, avant celui prévu pour le débarquement de cette horde, qui n'aura pas lieu, on vous protège et, ne soyez pas surpris, vous aurez avec vous un ou deux policiers.

Sympathiques, je dois dire, discrets, ils se sont retrouvés à la maison, sous l'œil « enchanté » de ma femme !

Le jour J arrive, calme plat dans le village, les habitants sont calfeutrés chez eux. Mon garde champêtre chargé, selon sa définition de poste, d'assurer la sécurité, terrorisé, a disparu des radars, n'imaginant pas se mêler à ces deux cars de CRS stationnés devant la mairie.

Le préfet et les services de sécurité ont fait merveille, personne n'a franchi les barrières installées bien en amont. Le village se réveillera sans l'ombre d'une différence avec la nuit précédente. Le concert n'a pas eu lieu. Les deux messieurs en costume ont avalé les dépenses réalisées et oublié les gains prévisionnels.

Un maire peut avoir chaud.

Le 14 juillet 2000

Nous devions fêter le siècle ! Je rêvais d'un banquet républicain. J'avais le souvenir de ces banquets qui ont permis la propagation des idées progressistes et laïques, moments de réjouissance, de réconciliation, de célébration d'événements heureux et qui se terminaient par des chansons.

Je me rappelais qu'à la fin de chaque aventure d'Astérix le village organisait un grand banquet où ils mangeaient tous des sangliers et buvaient de la cervoise autour d'un grand feu. Certes, je n'imaginais pas me transformer en Assurancetourix, encore que ce n'aurait pas été inutile au cas où l'idée me serait venue de chanter. Mais j'avais envie de rassembler tous les habitants.

J'oubliais les dissensions, les disputes, les conflits, j'étais lassé de m'interposer, de vivre les hostilités, les haines, les désaccords. J'avais soif d'un joli moment de paix, de rires, d'humour, de fraternité et d'amitié.

Le 14 juillet 2000

Pour que la fête soit belle, il me fallait un lieu. Ce fut la cour du manoir d'Ango, magnifique espace, autour du pigeonnier, devant ces bâtiments du XVIe siècle. À notre surprise, plus de deux cent cinquante personnes avaient déclaré vouloir venir et s'étaient inscrites à ce dîner offert par la municipalité. Pour le service, j'avais réquisitionné tous les conjoints des conseillers municipaux, vêtus d'un tablier et qui ce soir-là s'occupaient de tous les invités.

Une organisation militaire, tout le monde à table, chacun choisissait sa place, familles et amis qui se retrouvent, personnes seules que nous placions. Tous les milieux sociaux, tous les âges, réunis pour commencer le siècle, aborder l'avenir et respirer un air d'harmonie, de paix, ensemble. Un souvenir inoubliable, la beauté du lieu, la joie des rencontres, l'expression de la concorde et le plaisir du partage, toutes barrières abattues. Il faisait beau, la lumière était douce, l'humeur joyeuse. Sur les visages, je lisais le bonheur.

La récompense du maire.

Troisième mandat, oui ou non ?

Nous étions en 2001. Je me posais la question du cinquième mandat d'élu, du troisième mandat de maire. La vie municipale n'avait plus guère de mystère pour moi. Dans ma vie professionnelle, j'avais pris de nouvelles responsabilités internationales, était-ce compatible avec la mairie ? Avais-je envie de ce mandat ?

Certes, j'avais une bonne équipe, deux adjoints en qui j'avais toute confiance, une excellente secrétaire de mairie, des conseillers municipaux que j'avais choisis et qui prenaient pour la plupart d'entre eux des responsabilités, s'impliquaient, me relayaient, me soutenaient. Je pouvais repartir pour six ans, mais c'est long, six ans ; j'ignorais que ce serait sept ans, cette fois.

Les enfants étaient grands, avaient plus envie de Paris et de leurs copains que de la campagne varengevillaise. J'hésitais.

Le premier mandat est enthousiasmant, on agit, c'est grisant. On se trompe, on fait des erreurs, on appréhende, on tente de comprendre comment fonctionne l'administration, on découvre un nouveau métier. Je venais du monde des affaires, de l'industrie, j'ignorais tout de la façon de gérer une mairie. C'est totalement différent de l'entreprise. Le personnel, par exemple, qu'il est impossible de récompenser, de licencier, ils sont dans la fonction publique territoriale, protégés par un statut, il faut apprendre à vivre avec ces contraintes, et je m'y employais avec un style « business » inhabituel dans ce monde-là. Il en allait de même avec mes collègues du conseil et avec mes collègues maires, présidents de syndicats. Mon langage et mon impatience détonnaient parfois. J'ai dû adapter mes exigences et mon comportement à leur conception du temps, aux respects de considérations « politiques », personnelles qui m'échappaient, à l'esprit de revanche, aux ego immenses. Le deuxième mandat est plus serein. On a pris des coups, on a compris comment faire, on gère calmement, on prend son temps, bref, avec l'expérience, on devient plus efficace.

Je n'étais pas blasé, j'étais aguerri. Les petits drames, hostilités, comportements agressifs, visiteurs désagréables qui me promettaient « de ne plus jamais voter pour [moi] », violence verbale qui commençait à m'irriter, tout cela me laissait froid. J'aimais le contact avec les habitants, les recevoir un par un, leur apporter assistance, conseil, comme un médecin. Je n'étais pas lassé, parce que je continuais à les aimer, à les écouter, à leur prouver que je pouvais les épauler dans leurs démarches. Je partageais leurs peines et leurs joies. Je les interrogeais, connaissais les familles, les enfants, les parents. J'étais impliqué. Je plongeais dans la vérité humaine, grandissais dans la connaissance de l'autre et de moi-même. J'avais envie de continuer, passionné.

Je décidai de me présenter aux élections pour un troisième mandat de maire.

Nous fûmes tous élus.

Poubelles

Le village était sale. Nous avions une poubelle devant l'église, près de la mairie, et de nombreuses autres un peu partout. Les passants y jetaient leurs papiers, leurs cartons, leurs bouteilles. Je recevais des appels désagréables : « Varengeville s'enlaidit et il laisse faire, le maire ? », « Vous avez vu, c'est ignoble, il fait quoi, le maire ? ». Au conseil municipal, c'étaient des discussions sans fin ; il fallait agir, mais comment ?

Une décision fut prise, on doublerait le nombre de poubelles.

Ce qui fut dit fut fait.

Les plaintes se multiplièrent.

« Enlevez-moi ces horreurs devant la maison », me hurla une femme soi-disant élégante, qui n'allait pas hésiter à m'appeler à Paris, à mon bureau – ce dont j'avais horreur –, avec un ton snobinard dont elle avait le secret : « Cher ami, rendez-moi un service... Pardon de vous déranger à votre bureau à Paris, mais je suis prise samedi prochain et n'aurai pas le temps d'aller à la mairie. Je n'en peux plus, n'importe qui dépose des ordures devant chez moi, mes amis sont offusqués, vous comprenez, ces immondices à ma porte, c'est affreux, cher ami, affreux. Venez voir ! »

Le pire était à l'église, devant le cimetière. Là, c'était vraiment horrible. Un dépotoir. Le dimanche soir, sans hésiter, certains laissaient là leurs sacs éventrés, d'autres sans aucun sens civique nous gratifiaient de leurs télévisions, machines à laver, réfrigérateurs. D'autres encore, venus de villages voisins ou touristes de passage débarrassés de tout scrupule, balançaient leurs détritus. Que faire ?

Au conseil municipal, j'avais droit aux commentaires solidaires : « Alors, monsieur le maire, vous agissez ? » Les idées les « meilleures » volaient sur la table du conseil : « Doublez les poubelles ! Un ramassage supplémentaire ! » De guerre lasse, je décidai, en accord avec mes adjoints, de supprimer tous les conteneurs.

On les retira tous, sans exception. Et, comme par miracle, les plus hardis de nos compatriotes ne furent pas assez « courageux » pour jeter leurs ordures dans le vide. Il y eut bien quelques sauvages, mais là, on ouvrit les sacs, on trouva les coupables, on le leur fit savoir. Plus de poubelles, mais un ramassage une fois par semaine, le lundi, en hiver ; et deux fois l'été devant toutes les maisons.

Le village était redevenu propre.

La dame « très chic » me rappela, vint me voir et me supplia de remettre une poubelle devant chez elle, car, me dit-elle : « Il y a des papiers gras devant chez moi, c'est inacceptable, pour nous, pour nos amis. » Je lui fis remarquer qu'elle me fatiguait. L'entretien fut bref et expéditif.

Ah, les poubelles ! Une belle épine dans le pied d'un maire.

Attention : danger

Travaux à la mairie, la routine. Changer les fenêtres, usure, vent de la mer, humidité, bref, rien d'extraordinaire en Normandie. La mairie demande des devis, petit appel d'offres, trois propositions reçues. Je regarde et constate que le moins-disant est mon adjoint, menuisier, dont le talent et la compétence professionnelle sont reconnus de tous. Dans une petite commune, il va de soi que les compétences sont rares, et faire travailler un adjoint n'est en soi pas répréhensible et arrive fréquemment.

Je réunis le conseil municipal et prends soin, me souvenant de mes études de droit, de faire sortir l'adjoint au moment du vote. Bien m'en a pris. Le conseil à l'unanimité retient la proposition de l'adjoint et j'inscris au procès-verbal de cette séance du conseil qu'il ne prend pas part au vote.

Les travaux commencent quelques semaines plus tard.

Je reçois, trois mois après la fin des travaux, une lettre du sous-préfet m'informant que le maximum autorisé par le Code des marchés publics pour un adjoint est à l'époque de 16 000 euros et que nous avons légèrement dépassé cette somme. Trop tard ! Les travaux étaient bel et bien terminés. Le sous-préfet me conseille d'étaler les factures, je m'organise. La vie reprend son cours.

Quatre ans plus tard, une lettre de la gendarmerie me convoque pour une « garde à vue ». Je n'en crois ni mes yeux ni mes oreilles. Je téléphone au sous-préfet, un nouveau sous-préfet, qui n'y comprend rien, me dit-il. Je me rends à la convocation et, en effet, je suis mis en garde à vue sur ordre du procureur de la République pour « complicité de prise illégale d'intérêts ».

J'avais tout oublié. Je raconte mon histoire de mémoire. Cela dure quatre heures. Les gendarmes, gênés et sympathiques, me demandent si je veux un avocat et un médecin. Ils font leur travail. À la machine à écrire, l'un d'eux tape ; un autre m'interroge : « Vous étiez de mèche ? Vous aviez un intérêt commun ? Pourquoi n'avez-vous pas arrêté les travaux quand le sous-préfet vous a prévenu que vous étiez dans l'illégalité ? »

Relâché, je rentre chez moi, abasourdi.

Mon adjoint reçoit, le lendemain, la même convocation pour « prise illégale d'intérêts ». Il me raconte :

— Ils ont cherché à savoir si je t'avais fait des cadeaux pour obtenir le marché, ils m'ont demandé si je t'invitais à dîner ou en vacances pour avoir ce travail, je leur ai expliqué que c'était toi qui m'avais invité en vacances, alors ils étaient dans la confusion.

On les comprend !

Un mois plus tard, à Paris cette fois, je reçois une nouvelle convocation portée à la maison par un gendarme – c'est très agréable – pour aller chercher un pli personnel au palais de justice. Je suis convoqué au tribunal de Dieppe, tribunal correctionnel. La garde à vue a manifestement convaincu la procureure locale de ma culpabilité. Mon adjoint bénéficie du même traitement.

Je prends cette histoire très au sérieux, on ne sait jamais, avec la justice. La peine encourue peut être lourde : le Code pénal prévoit des peines sévères, emprisonnement et amendes sont au menu. Je décide d'en parler à mon vieil ami le bâtonnier Mario Stasi, que je connais depuis toujours ; il nous a enseigné l'art oratoire à la Conférence Olivaint.

« Oh, me dit-il, attention, il faut que tu me racontes tout, trouve-moi tous les documents, tous les détails, toutes les délibérations, les dates, tout, je vais m'en occuper. »

Pendant ce temps, ma convocation au tribunal correctionnel de Dieppe commence à se savoir et le journal local, bien informé, se régale de cette croustillante péripétie qui va enflammer les chaumières. Au conseil municipal, les mines sont sombres, et nul ne veut aborder le sujet. Je brise d'entrée de jeu le silence et j'explique tout dans les moindres détails. La séance sera intéressante : la plupart des conseillers manifestent leur solidarité et connaissent la vérité, ils ont été acteurs et témoins quelques années auparavant. L'un d'entre eux lâche, néanmoins :

— C'est ennuyeux, monsieur le maire, pour l'image de la commune, et, vous savez, il n'y a pas de fumée sans feu.

Heureusement, à l'époque, les réseaux sociaux ne font pas encore de ravages. La fumée sans feu, une fois de plus, est l'arme suprême, la pire qui soit, à l'origine de tant d'injustices !

Le jour attendu arrive. Convocation au tribunal de Dieppe. Mon avocat s'assied au premier rang et salue les trois juges. Formidable Mario Stasi, modeste, profil bas, je l'entends dire :

— Je viens pour un ami de toujours.

Un petit dossier sur les genoux, il me regarde et me glisse à l'oreille :

— Tu racontes l'histoire simplement, d'une voix posée.

À côté de moi, ma fille Amélie, venue de Paris m'accompagner dans cette épreuve injuste et absurde, mais réelle ; toujours là, Amélie ! Mon adjoint se trouve de l'autre côté avec son avocate.

— Levez-vous, monsieur le maire, et racontez-nous, dit la présidente.

Je raconte. J'explique ma bonne foi, l'erreur, je ne minimise rien, je dis au tribunal la stricte vérité : j'ignorais ce problème de dépassement et, lorsque j'ai été alerté par le sous-préfet, c'était trop tard, qu'aurais-je dû faire ? Détruire le travail exécuté ?

Stasi dit quelques mots :

— La correctionnelle, dit-il, pour cela, est-ce normal ? En plus de ses responsabilités professionnelles connues, il est maire et pour ce petit écart, certes délictuel, madame la présidente, il est là, ici, est-ce bien juste ?

La présidente demande à la procureure de se lever.

— Alors, madame la procureure, expliquez-nous !

— La loi est la loi, et pour tout le monde, madame la présidente, oui, pour tout le monde et nul n'est censé l'ignorer. Le Code pénal prévoit des sanctions, je demande un mois de prison avec sursis et 2 000 euros d'amende.

— Mais, madame la procureure, qu'aurait dû faire le maire quand il a été informé de ce petit délit ?

— Ah oui, c'est vrai, je n'avais pas vu que les travaux étaient déjà réalisés, dit-elle.

— C'est très ennuyeux, dit la présidente.

Stasi me regarde et me dit : « T'inquiète pas, c'est bon. »

Le journal local écrivit deux lignes, sans intérêt, puisqu'il s'agissait d'un non-lieu. On est toujours plus bavard sur la culpabilité présumée que sur l'innocence avérée. C'est ainsi. La procureure n'a pas fait appel après m'avoir fait cadeau d'une garde à vue, d'un procès pénal et d'un stress invraisemblable. Le conseiller municipal qui m'avait lâché en rase campagne et qui craignait à juste titre pour « l'image de la commune » a retrouvé le sommeil. Mario Stasi est demeuré un grand ami jusqu'à sa mort. Amélie n'a cessé d'entourer son père. Mon adjoint est resté mon adjoint et mon ami. Ma femme, qui a vécu cette aventure détestable, m'a soutenu du début à la fin. La commune s'en est facilement remise.

Quant à moi, j'ai poursuivi mon chemin de maire sans amertume.

Une question, cependant, me taraudait : pourquoi la procureure, et par qui, avait-elle été saisie ? La réponse est venue un jour, claire. C'est l'un des artisans dont j'avais refusé le devis trop élevé qui, sans rien dire, était allé voir la procureure et l'avait convaincue du délit de favoritisme. Il ignorait que j'avais fait approuver le devis de l'adjoint, en lui demandant de sortir de la salle du conseil pour un vote objectif.

Maire, un métier à risques.

« Don Camillo » et « Peppone »

Il le savait. Je ne vais pas à la messe, sauf pour les mariages, enterrements, cérémonies et occasions particulières. En ce temps-là, il y avait un « curé de campagne » dans le village. Il habitait le presbytère, une maison qui surplombe la mer, à côté du cimetière marin et de l'église Saint-Valéry. Une résidence de choix.

« Don Camillo » et « Peppone » s'entendaient bien, complices et liés d'une amitié profonde. J'avais une confiance totale en lui. Nous agissions de conserve dans l'intérêt de tous. Nous nous complétions : lui au bout du village, curé, s'occupait de ses ouailles ; et moi, à la mairie, des miens, mais il s'agissait parfois des mêmes. Nous faisions équipe. Un habitant sombrait dans l'alcool, lui le savait, ne disait rien mais m'appelait : « Pouvez-vous, monsieur le maire, lui trouver un petit travail pour l'été ? Lui donner une tâche, une mission. »

Et je m'efforçais de faire ce qu'il me demandait sans poser de questions. Je lui confiais mes inquiétudes : « Cette famille va mal, les enfants posent problème, voyez-les et faites ce que vous pensez pouvoir faire. » Notre silence valait de l'or. On le savait. On se parlait pour le bien commun, pas de religion dans les échanges, mais la volonté de faire le mieux possible. C'était cela qui nous rassemblait et qui faisait de nous deux des partenaires de la vie sociale.

Cet homme n'a fait que du bien. Je l'aimais profondément. Il partit en retraite au Havre après des années de service. Et quelle ne fut pas ma surprise lorsque, le jour du mariage de notre fils, à l'entrée de l'église, il était là, mon complice !

— Bonjour, monsieur le maire, dit-il, venu nous accueillir.

Une belle surprise. Un cadeau.

Je n'ai pas supporté son successeur, un homme que je trouvais désagréable, avec lequel je ne m'entendais pas. Nous n'eûmes aucun échange, je repris mes habits de « Peppone ». Lui aussi s'en alla, et ne fut jamais remplacé.

C'était il y a un siècle, dans les années 1990. Il n'y a plus de monsieur le curé à Varengeville, le presbytère est vide, il sert de maison de retraite pour les ecclésiastiques. Un vieux prêtre se dévoue. Trente-cinq communes à visiter, personne ne le voit. Les enterrements et les mariages sont célébrés par des laïcs, dévoués, qui font ce qu'ils peuvent.

Les paroissiens qui ne vont jamais à la messe se plaignent, ils réclament le prêtre qui donnait de l'allure à la cérémonie.

À force de se vautrer dans l'immobilisme, l'Église catholique a ce qu'elle mérite : il n'y a plus de curés dans nos villages. À quand le mariage des prêtres, comme chez les juifs et les protestants ? À quand l'ordination des femmes ?

Don Camillo et Peppone ne se retrouvent plus. Dommage.

Trop pressé, le maire

Je suis pressé ce vendredi. Il est 16 heures, je quitte mon bureau de Courbevoie, direction la mairie, conseil municipal à 20 heures. L'autoroute n'étant pas encore en fonction, je file sur la vieille route, Pontoise, Gournay, Gisors. Mon chien est assis à côté de moi, un labrador blanc qui fait partie de la famille.

Avant Gournay, je vais trop vite, une automobile sur ma droite ne respecte pas le stop, je donne un coup de volant à gauche pour l'éviter. Je freine brutalement et dérape. Ma voiture glisse, défonce la barrière en bois, entre dans un jardin. J'écrase les freins, détruis la pelouse et m'arrête sèchement devant, juste devant la cuisine. Une femme ouvre la fenêtre, affolée par le bruit, et, stupeur, découvre ma voiture défoncée, voit le chien affolé qui tourne en rond et, moi, déconfit, hagard, qui la regarde.

Elle hurle :

— Dégagez, allez-vous-en, sortez, qu'est-ce que vous faites chez moi ? (Et elle ajoute :) Malotru, c'est pas une façon d'entrer chez les gens !

— Madame, si j'avais pu éviter d'entrer chez vous, j'aurais sonné !

— Sortez, et enlevez cette voiture, vous avez vu ma pelouse, ma barrière !

Je reprends mes esprits, trouve la laisse du chien, et nous sortons sous les hurlements de la dame, qui nous dit : « Dehors, dehors »…

Je revois la scène, la dame en furie, une voisine qui nous offre un verre, « un remontant », et prête son téléphone pour appeler la police. Le labrador et moi regardons l'épave trôner au milieu du jardin, devant la barrière en miettes, la pelouse en charpie, la voiture qui ressemble à une baleine échouée sur la plage.

Avec la meilleure volonté du monde, je ne pouvais rien faire.

Le conseil municipal s'est tenu sans moi. Un garagiste est venu deux jours plus tard enlever ce qui était « un cadavre automobile ». À la voisine, j'envoyai des fleurs. J'aurais aimé remercier la femme hurlante pour son charmant accueil ! J'ai changé de voiture, gardé mon chien et pris l'habitude de rouler moins vite.

Entre dossiers et consultations

Les dossiers s'accumulaient, lotissements, église, école, et ce n'était pas terminé. J'avais compris que je devais, à chaque fois et pour chaque dossier, utiliser à plein le mille-feuille territorial. Je demandais des subventions à tout le monde : préfet, Région, Département, et même, ce qu'un ami sénateur de l'Eure m'avait fait découvrir, une belle pépite, la réserve parlementaire. Sénateurs, députés du coin, ou d'ailleurs, pouvaient – à l'époque – subventionner nos projets comme ils l'entendaient et saupoudrer ainsi les gestes amicaux, ce qui, pour les électeurs sénatoriaux que nous étions, pouvait s'avérer assez malin et rentable.

J'étais devenu chercheur d'or. Il m'est arrivé de trouver et recevoir sur un dossier d'investissement plus d'argent que nécessaire et de réduire la part d'autofinancement de la commune à presque rien ! J'étais passé maître dans l'art de dénicher des subventions, ce que mes collègues ont un jour remarqué sans que je leur donne ma recette. Ma secrétaire en riait, se prêtant au jeu, experte pour remplir les dossiers, ne se trompant jamais, trouvant toujours la bonne formule, la rédaction exacte.

Tout avançait bien, la place de la mairie, l'école, nous avions sans cesse des projets. Tous les samedis, sauf quand j'étais en voyage, j'étais à la mairie, à 8 h 45 précises pour mes consultations. J'avais des rendez-vous qui se suivaient à un rythme incessant. À chaque entretien, je prenais des notes pour suivre le dossier ou répondre plus tard à la question, si je ne pouvais le faire sur l'instant.

J'apprenais à écouter. J'apprenais à ne pas avoir toujours raison. Parmi les dossiers, je distinguais ceux qui étaient prioritaires et ceux qui ne l'étaient pas. Ce n'était pas évident de prime abord. Il m'est arrivé de rencontrer des hommes et des femmes dans une tenue parfaite, qui n'osaient pas tout me dire de leur situation personnelle, et c'est en demandant les éléments précis que je découvrais qu'il était urgent de les secourir. Un choc pour moi que je garde en mémoire. Je me suis efforcé de donner très souvent le coup de main qui dépanne. Il suffit de peu de choses pour remettre en selle ceux qui sont perdus et qui ont même abandonné l'idée de remplir un dossier pour une aide.

Il m'arriva souvent de décaler les rendez-vous prévus pour prendre le temps, quand c'était grave, dans la discrétion la plus totale, de recevoir longuement ceux qui n'inventaient pas leurs difficultés. Au chômage, un problème grave avec l'administration, le blocage du compte en banque, un parent malade, un dossier mal ficelé, j'étais là, dans mon petit bureau de maire, loin de ma vie professionnelle, déterminé à agir et à faire tout ce que je pouvais.

Aujourd'hui, je revois les enfants de ceux-là, qui ignorent tout de la passe douloureuse de leurs parents.

Je recevais aussi des « j'y ai droit », pénibles, mal élevés parfois, qui venaient me demander un grand n'importe quoi dans la cagnotte du Centre communal d'action sociale (CCAS). Ah, le CCAS ! une mine, paraît-il ! À utiliser avec parcimonie ! J'étais très prudent et, avec la commission du CCAS, nous débloquions des aides quand c'était impératif. Et parfois, ça l'était. La retraite des personnes âgées peut être si faible que, là encore, la dignité, la fierté ne leur permettent pas de demander. À nous d'agir pour détecter ces silencieux qui ont tellement besoin d'aide.

Je m'inquiétais. Je voulais que les membres élus et non élus de cette commission aillent partout voir qui nous devions aider, et surtout l'hiver. J'avais peur d'en oublier, comme certaines femmes, veuves, à la retraite si petite qu'elles n'avaient pas les moyens de se chauffer ou de se nourrir correctement, et nous réglions alors dans le village quelques factures de charbon ou bien nous déposions des paniers de victuailles pour améliorer l'ordinaire.

On savait que je me préoccupais des plus fragiles, et c'était exact. Là encore, mes adjoints, ma secrétaire de mairie et les conseillers municipaux jouaient un rôle crucial de coordinateurs, d'enquêteurs, et savaient que, pour moi, c'était fondamental. Je les interrogeais. Ils me signalaient les problèmes. Sans ces lanceurs d'alerte, le maire ne sait rien, surtout si, comme moi, il n'est pas là tous les jours.

J'ai appris à percevoir les souffrances souterraines qui, au grand jour, ne se voient pas et qu'avec l'expérience je devinais. J'étais, disait-on, trop rapide, mais j'avais appris à ralentir, à m'arrêter et à dialoguer lentement, car mes interlocuteurs dans la peine avaient besoin de temps pour m'expliquer leurs difficultés.

Parfois aussi, j'avais des rendez-vous invraisemblables. Celui-là est arrivé dans une voiture de sport, avec un moteur qui ronronnait. Il s'est garé devant la mairie, et a attendu. Il était jeune et en pleine forme. Je lui ai ouvert ma porte.

— Que puis-je faire pour vous ?

— Je viens pour demander une subvention.

— Ah ! Pourquoi ?

— Le CCAS est fait pour cela, m'a-t-il.

— Pour quoi ?

— Pour enterrer mon père, je n'ai pas les moyens, vous pouvez m'aider ?

Là, j'avoue, j'ai comme une coulée de rage qui est montée en moi. Il était midi, je bossais depuis 9 heures du matin et cet énergumène qui semblait ne manquer de rien me demandait de l'argent du CCAS pour enterrer son père.

— Vous blaguez, je pense, vous n'avez qu'à vendre votre voiture et aller au travail en autobus.

— Impossible.

— Vous ne manquez pas d'air, la réponse est non.

Je me suis levé et lui ai indiqué la sortie. Furieux, il m'a lâché :

— Je ne voterai jamais pour vous.

— Bonne idée, je crie, bonne idée.

Il m'en est arrivé souvent des rendez-vous comme celui-là, je n'oublie pas ce couple en bonne santé venu me demander de payer le dentier du mari :

— Il manque un peu d'argent en ce moment, m'a dit sa femme. On nous dit que le CCAS prend en charge les difficultés, alors, nous, on a besoin d'un râtelier.

— Merci, madame, et désolé, on ne prendra pas le râtelier en charge au CCAS, vous êtes mal renseignée.

Je les connaissais : des gens à l'aise, avec des enfants. Ils avaient essayé !

J'apprenais à distinguer le faux du vrai. J'arpentais ces territoires contrastés du comportement humain. Je prenais la mesure de mes incertitudes, et ma force n'était pas toujours de trancher, mais de constater à quel point la nuance n'est pas une faiblesse, mais peut relever de la bravoure, et de l'intelligence. Je respectais le devoir d'hésiter pour exercer le devoir de décider. Je disais souvent « non », mais, lorsque je disais « oui », c'était oui. Il était primordial pour moi de tenir parole.

J'ai fait de mon mieux, comme nombre de maires de villages, confrontés à la réalité du quotidien.

ABF

Varengeville est parsemé de monuments ou de jardins classés : l'église du XIe siècle, agrandie au XVIe par Jehan Ango ; le manoir des Moutiers, signé de l'architecte Edwin Lutyens (futur créateur du palais de New Delhi et célèbre adepte du mouvement Arts and Crafts) ; les jardins dessinés par Gertrude Jekyll, reine des mixed-borders ; le manoir d'Ango, construit entre 1530 et 1544, acquis par l'armateur Jehan Ango en 1525 ; la chapelle Saint-Dominique, dont les petits vitraux de la nef conservent la ligne esthétique du triptyque dessiné par Braque.

L'architecte des Bâtiments de France (ABF) devint de facto un personnage capital, car je ne pouvais signer un permis de construire sans son accord, dès lors que la construction envisagée se situait dans un périmètre de 500 mètres autour d'un bâtiment classé ; et, comme il y en a plusieurs, je passais régulièrement sous ses fourches caudines. Pas un chantier public ou privé ne lui échappe.

L'ABF devait être consulté, quand il s'agissait de sa juridiction, sur tout : un permis de construire, un déboisement, une fenêtre à changer, une ouverture, une barrière, une démolition, un certificat d'urbanisme. Le maire ne peut rien décider sans lui soumettre le projet et recevoir sa bénédiction. Son avis s'impose ! Hors de sa zone, c'est plus facile, mais, à l'intérieur de son périmètre, tout le monde connaît le pouvoir de l'ABF.

C'est assez étrange, ce pouvoir que l'on ne peut remettre en cause. Dieu sait pourquoi, on ne peut passer outre. Les ABF peuvent imposer des normes architecturales tout à fait critiquables, ils peuvent aussi éviter le pire et soutenir les audacieux. Je n'ai toujours pas compris certaines autorisations de l'ABF pour des constructions qui s'opposent au style du pays, acceptant des matériaux iconoclastes ou des formes qui agressent.

L'égalité de traitement n'existe pas. J'avais l'habitude de conseiller l'extrême prudence à mes visiteurs devant des projets relevant de l'ABF, de prendre un architecte-conseil, de faire patte de velours. Je me méfiais des réactions imprévisibles.

Il m'arriva de faire des erreurs. J'ai signé des permis de construire que je regrette aujourd'hui. Il est vrai que je ne suis pas architecte et que j'avais confiance dans l'analyse de ces demandes faites par les services compétents de la direction départementale de l'Équipement. Le plus souvent je comprenais, on m'expliquait, parfois je m'égarais.

C'est difficile pour un maire de porter un jugement sur des plans quand il n'est pas compétent et qu'il dispose de si peu de collaborateurs pour l'assister. C'est certainement plus facile dans une grande ville, mais, dans un village de mille habitants, le maire est seul face à ce type de décisions. Un « on-man show » dangereux.

S'il en faut pour tous les goûts, le goût des ABF n'est pas nécessairement le bon ! Certes, ils protègent le patrimoine mais, selon moi, parfois avec un autoritarisme de mandarin qui en heurte plus d'un.

J'ai eu l'occasion d'évoquer cette question auprès de plusieurs préfets, et je n'oublie pas ce que l'un d'entre eux m'a avoué : « Oh, monsieur le maire, les ABF, on n'y touche pas. » En effet, ils sont de facto « propriétaires de leur charge ». De par leur statut, ils sont nommés pour une durée indéterminée, ce qui est l'expression d'une rigidité d'un autre siècle. Les préfets et les ambassadeurs restent trois ou quatre ans dans leur poste, et changent ensuite de pays ou de département. Les ABF sont parfois immuables, règnent dix ans, vingt ans sur leur territoire et ont tendance à mettre en avant leurs choix esthétiques. Les maires passent, les ABF restent.

Une anomalie française.

Un arrêté de péril

Il y a quelques maisons dans le village qui surplombent la falaise et menacent de tomber. Celle de la comédienne Silvia Monfort a été rayée de la carte.

Il y a vingt ans, je reçois une lettre du préfet m'indiquant qu'une maison menace de s'écrouler et qu'il convient non seulement de prévenir ses propriétaires, qui vivaient dangereusement sans avoir conscience du risque imminent, mais de prendre vite un arrêté de péril. Jamais je n'avais signé un tel arrêté. Je me rends sur place, et j'avoue que j'ai le vertige : la vue sur la mer est magnifique, mais le plongeon l'est tout autant. Je connais l'attachement viscéral de la famille à cette maison et, quand j'émets l'idée qu'il faut rapidement partir, c'est un drame affectif.

— Non, impossible, pas tout de suite, plus tard, un jour, peut-être.

Mais, dès l'instant où j'ai été officiellement prévenu, je ne peux demeurer impavide. Rendez-vous est pris avec les experts, le sous-préfet et autres spécialistes. Le verdict est confirmé : la maison va s'écrouler et l'arrêté de péril devient urgent. Nous discutons tous ensemble, je comprends les réticences et le choc que présente l'abandon des souvenirs, mais le danger est réel. Fort heureusement, le terrain est très grand et une solution existe. L'Europe est bonne mère. Elle va permettre de reconstruire plus loin, au bout du jardin, au milieu des arbres, une belle maison.

Ce sera fait, la maison abandonnée sera détruite, la vue sur la mer oubliée, une autre sera édifiée à quelques centaines de mètres. L'Europe, généreuse, a réglé la facture.

Dans ma vie de maire, je n'ai signé qu'une seule fois un arrêté de péril.

Mary Mallet : médaille de la ville

Pour honorer les personnalités qui ont marqué nos esprits et le village, nous avons créé la médaille d'honneur de la ville. Nous l'avons épinglée sur la veste du curé le jour de son départ en retraite.

Je tenais à remettre cette décoration à Mary Mallet, l'âme du bois des Moutiers. Elle incarnait la forme la plus achevée de l'élégance. Et son élégance n'était pas seulement d'apparence. Avec son chapeau de paille et son allure d'Anglaise, elle était d'un chic incomparable. Son vocabulaire enthousiaste, ses propos inattendus, encourageants et optimistes faisaient merveille. Si je lui demandais : « Comment allez-vous ? », elle balayait la question d'un grand geste de la main et ajoutait : « Ne me demandez pas cela, c'est sans intérêt et vous, et vous ? » Tout était dans cette droiture, ce style, cette étrange solitude qui la rendait imprenable, inaccessible, préservée des laideurs du monde, de la banalité, de la petitesse des choses et des hommes.

Elle rayonnait, s'imposait par sa distinction, sa simplicité naturelle, qui est l'apanage de ceux qui, comme elle, n'ont rien à prouver tant ils ont réalisé. Son œuvre est là : ce parc, magnifique. C'est elle que je vois partout chaque fois que je traverse les allées et m'arrête devant le spectacle féerique des rhododendrons en fleur. C'est elle, c'est sa signature, elle qui savait si joliment accueillir et recevoir, avec son accent d'Oxford que je garde en mémoire.

Je lui avais demandé si je pouvais montrer le parc à l'ambassadeur du Canada et au préfet, venus pour les cérémonies du mois d'août en souvenir du débarquement de 1942, qui a coûté la vie à tant de jeunes gens venus se faire tuer sur nos plages. Alors que nous arrivions à l'entrée du parc, elle me dit : « Ah, *welcome*, venez, venez, mon chou, avec vos amis. » « Monsieur le maire » était devenu « mon chou », ce qui me plaisait bien et étonna mes deux invités. C'était Mary que nous appelions « Tante Mary ».

Elle me remercia pour la médaille d'honneur et l'emporta, silencieusement… En quittant la petite cérémonie organisée à la mairie, elle me confia avec un air malicieux qu'elle aimerait faire connaître à l'avance l'heure et le jour de sa mort « pour que chacun puisse s'organiser, ne pas perdre de temps, prévoir le rendez-vous ». Elle n'avait rien perdu de son humour corrosif et britannique. Elle avait beaucoup enduré pour ce parc, échecs et soucis multiples. Son énergie avait été mise à rude épreuve.

Elle n'avait pas seulement modifié, édifié, transformé le parc avec le peu de moyens dont elle disposait, elle l'avait façonné et lui avait donné toute la noblesse qui était la sienne.

Elle nous a inculqué une belle leçon de persévérance, traversant la vie avec une dignité et une force inoubliables. Elle serait heureuse aujourd'hui de voir son merveilleux jardin fleurir grâce à d'autres amoureux de ce lieu extraordinaire.

Une médaille de la ville bien méritée.

Repas des anciens

Ce week-end, repas des anciens. Je n'ai jamais raté cet événement. Ma hantise était la durée du déjeuner. Mon cauchemar, *La Danse des canards*. Au début de mon mandat, j'avais été pris dans cette aventure et je voulais à tout prix ne plus y revenir. La première fois, d'accord, avec ma femme, on s'y est mis, mais ensuite cette danse nous devenait lassante… On m'a fait aussi le coup des chaises qu'on soulève pour avancer au son d'une musique saccadée : bon, une fois m'avait suffi !

Tout commence à 12 h 30 et se termine on ne sait quand, mais pas avant 18 heures. Dans la grande salle louée à cet effet chaque année, les invités arrivent, les anciens, les plus de 65 ans. À ma droite la doyenne, 95 ans, à ma gauche le doyen, 90 ans. Coincé entre les deux, impossible de parler à d'autres convives, la conversation s'enlise. Mais je me lève pour saluer chacun, j'embrasse toutes ces dames, avec prudence.

— Ah, le Christian, c'était un garnement.

– Monsieur le maire, vous avez fait beaucoup de bêtises quand vous étiez petit, vous en faites encore !

Au fond, tout cela me plaît, je les connais tous, je connais leurs enfants, petits-enfants, je fais le tour de toutes les tables, ils me racontent une histoire, me font des reproches, me disent un mot personnel. Si ce n'était pas si long, si ce déjeuner pouvait ne pas durer des heures, je serais heureux.

Mais ce déjeuner s'éternise, alors j'ai eu l'idée de créer une tombola, au profit du « club des anciens », pour la solidarité. Ce n'est cependant pas le troisième âge qui est le plus à plaindre dans nos villages, ils sont gâtés, chouchoutés, on s'occupe d'eux. Ils ont envie de s'amuser et dévorent, affamés. Ils se précipitent pour acheter les billets que vendent les conseillers municipaux présents !

J'avais la chance de pouvoir acheter des foulards présentant des défauts dans la société dont j'étais l'un des patrons, et ces foulards faisaient le bonheur de ces dames ! J'avais enfin trouvé la raison de me lever, de marcher, de bouger, de décoller de ma chaise.

C'est ainsi qu'au fur et à mesure des années ce déjeuner m'est devenu agréable.

J'avoue que le taux d'équipement à Varengeville en foulards légèrement défectueux est le plus élevé au monde. Et pour la bonne cause.

En général, je quitte le déjeuner, épuisé, vers 16 heures et je les vois tous ravis, jamais rassasiés. Un grand salut de la main, applaudissements, le car est là pour eux, plus tard.

« À l'année prochaine, monsieur le maire. »

Interdit de construire

Il arrive dans mon bureau, l'air bourru et de méchante humeur.

– J'ai besoin d'un permis de construire, pour une seule maison, la nôtre, dans le champ de ma belle-famille.

La question m'apparaît insolite, car cet immense terrain tout en pente est inconstructible. Et j'ai très bien connu son beau-père, qui m'a vu grandir. Il m'avait demandé un service : « Monsieur le maire, je suis un amoureux de la nature, promets-moi de ne jamais accepter une construction sur mon grand terrain. »

Devant moi, des années plus tard, le gendre de cet homme écologiste avant l'heure me supplie de lui permettre d'avoir sa maison au beau milieu de l'espace interdit. Je lui demande la raison de cette démarche vouée à l'échec.

– Je veux réaliser sur ce terrain le jardin de mes rêves, m'explique-t-il.

Je suis dubitatif, l'homme est antiquaire. Que va-t-il faire dans cette galère, lui qui n'y connaît rien ? On peut comprendre mon scepticisme, ma crainte, mon désarroi. Il veut faire un grand jardin dans ce champ dépouillé de toute végétation, hormis quelques chênes centenaires à mi-pente. Pas très aimable, l'apprenti jardinier, marchand d'art parisien ! De surcroît, il veut tout faire, tout seul. L'idée me semble folle, mais, quelque part, elle m'interpelle. Je me mets à l'écouter. J'ai en face de moi un entrepreneur au caractère bien trempé.

J'ai cru à son histoire à dormir debout, et je me suis battu pour convaincre les pouvoirs publics qu'après tout le projet était cocasse mais méritait qu'on lui donne une chance. Après des années d'efforts, j'ai obtenu un petit cercle constructible dans le nouveau plan local d'urbanisme (PLU) que nous mettions en place, pour que le jardinier en devenir puisse y construire sa maison. En trente ans, il a réalisé son rêve. Un incroyable et magnifique jardin.

Greta Sturdza, sa voisine, son mentor, a été sa muse. Il l'a bien choisie. Elle aussi pas aimable, pas facile, mais reconnue dans le monde entier comme une jardinière exceptionnelle. Il ne fallait pas faire de faux pas durant les visites ! Avec le manche de sa griffe, elle menaçait celui qui osait s'écarter du sentier, un caractère. En cinquante ans de labeur, elle avait transformé un vallon broussailleux en un jardin extraordinaire et beau toute l'année.

Lui, dans les six hectares de sa propriété, a réussi l'impossible. Autodidacte, il est devenu une référence, un expert. Il a conçu, dessiné un parc, remodelé les espaces, crée des étangs là où seuls régnaient les marécages. Sa collection de végétaux, d'arbres et d'arbustes est inouïe, le jardin est un enchantement à chaque saison.

Le résultat ne méritait-il pas une entorse aux règles de l'urbanisme qui régissaient ce terrain ? Le beau-père m'aurait pardonné, s'il voyait ce qu'a accompli son gendre magicien, Jean-Louis Dantec.

Une pharmacie

Je voulais tout mettre en œuvre pour que le village puisse vivre sans dépendre des résidents secondaires et, pour cela, je me devais de renforcer son armature économique. Nous avions une situation enviable, des commerçants, artisans, une poste, un groupe scolaire, des lotissements, un médecin, un dispensaire, mais il manquait une pharmacie. A priori, c'était impossible, car on ne peut ouvrir une pharmacie dans un village de moins de 2 500 habitants, or nous en comptions 1 100.

Les pharmaciens candidats ne manquaient pas, un local se libérait au milieu du « pays », une quincaillerie qui fermait ses portes, mais comment obtenir une dérogation ? Comment convaincre le préfet, qui lui seul donnait l'autorisation ?

Je développais l'idée que Varengeville, l'été, passait de 1 100 habitants à 2 500. Évidemment, j'eus un peu de mal à démontrer cette hypothèse, mais il n'y avait pas de pharmacies dans les villages très proches et il fallait aller assez loin pour en trouver une. En réalité, même si c'était plutôt osé, je maintenais que le caractère touristique du village, le nombre très important de visiteurs, 40 000 pour l'église et 30 000 pour le parc des Moutiers, permettaient de justifier l'ouverture d'une pharmacie.

Le préfet accepta notre raisonnement : une note très explicative le convainquit que c'était utile d'avoir une pharmacie dans cette périphérie et il signa l'autorisation, légèrement « tirée par les cheveux ». Je m'attendais à des recours, ils vinrent, auprès du tribunal administratif, du ministre de la Santé, rien n'y fit.

La pharmacie est ouverte, elle est là, elle rassure. J'ai fait mon travail de maire.

Musée Braque

La maison de Braque est sans intérêt : une petite chaumière abandonnée, sur une route discrète et silencieuse, « le chemin Braque », en bordure d'un petit jardin mal entretenu. J'ai eu l'idée de l'acheter pour en faire un musée avec des photographies, des livres sur l'artiste. C'était un projet simple, mais qui me tenait à cœur, en souvenir de cet homme, si connu dans notre village pour y avoir vécu et dont certains avaient assisté, en 1963, à l'enterrement, célébré avec faste. « La revanche des pauvres obsèques de Modigliani et du sinistre enterrement de Van Gogh », comme l'avait dit Malraux, devant sa tombe.

« Saviez-vous, monsieur le maire, me dit une vieille dame, qu'il avait offert une cloche à l'église qu'il avait dénommée Marcelle, du nom de sa femme ? » ; « Et le jour des funérailles, le catafalque reposait sous le vitrail, son vitrail, avant de prendre place devant l'autel, et ses fleurs préférées étaient des soleils à cœur noir » ; « Et l'oiseau sur sa tombe, un oiseau bleu, mystérieux, il l'a voulu, symbole de sa solitude ».

J'aurais voulu rassembler ces souvenirs, faire parler ceux qui l'avaient connu, et redonner vie à cette maison. Nous disposions de photos, de textes, d'illustrations, de dessins réalisés dans son atelier, qu'il avait fait construire dans le jardin. Personne n'y entrait, m'avait raconté sa cuisinière, la célèbre « Dédé-Palu » : la clef était cachée et les rideaux blancs protégeaient ses secrets. Elle aimait ce poème de Prévert : « C'est tout lui », me disait-elle.

« Braque à quoi pensait-il
À quand songeait-il
Devant la mer
Le modèle nu
Sombres nuages salés
Grèves ensoleillées
Squelette de charrue
Épave de la Terre
Et carcasses de barques
Décombres de la mer
Et marine à la mouette
Et oiseaux dans les blés
Chaque petite toile est un grand tableau
La mer entière est dedans
Proche lointaine
Toujours très loin
Si près tout le temps
La mer comme la peinture

Est une société secrète qui n'annonce jamais ses couleurs
Braque ne joue pas avec elles
Il n'est pas joueur
Il les interprète
Les donne en spectacle gravement
Intensément
Originellement... »

Ses tableaux de Varengeville sont là : *Bord de mer* (1952), *Marine, à la voile déportée* (1952), *La Charrue* (1959), *La Barque échouée* (1955), *Les Barques bleues* (1937), *Marine à la mouette* (1957), *Les Falaises* (1929), *Marine noire* (1960), *La Barque* (1929), *Bord de mer* (1959). Braque a peint nos plages, nos bateaux, nos paysages. J'aurais tant aimé les montrer.

J'ai cherché à joindre son héritier, le fils d'Henri Laurens, le célèbre sculpteur, ami intime de Braque. Je lui ai proposé d'acheter cette petite maison, il pouvait aussi la donner à la municipalité.

Je suis passé par la famille Maeght, à mes yeux la plus à même de le convaincre, mais le « neveu » de Braque était aux abonnés absents et n'a jamais répondu à mes demandes.

La maison du peintre est là, abandonnée.

Regret d'un maire.

La clef oubliée

Une élection parmi d'autres, direction le bureau de vote. À peine réveillé – il est 8 heures –, l'urne est sur la table, les bulletins bien déposés, un conseiller à l'entrée pour contrôler l'identité des votants, un autre pour signer le registre après le vote, tout est en ordre. Je préside. Le défilé commence et le vote se déroule comme d'habitude. Vers 10 heures, lorsque je dois transmettre la présidence de ce bureau de vote à l'un de mes adjoints, un gendarme fait irruption.

– L'urne est ouverte, monsieur le maire, et il n'y a pas de clef !

C'était vrai, j'avais oublié de fermer l'urne à clef et, de fait, le scrutin pouvait être annulé dans la commune. Le gendarme constate et dresse un procès-verbal. Un délicieux électeur a vu la faille, difficile à percevoir, et s'est rendu à la gendarmerie pour déposer plainte, sans m'en dire un mot. On peut compter sur de bonnes âmes charitables.

J'appelle le sous-préfet, qui me dit de remettre le cadenas et de continuer. Je le rassure, personne n'a bourré l'urne, et on le constatera au moment du dépouillement en mettant en parallèle le nombre de votants et le nombre de bulletins trouvés dans l'urne.

Ce mauvais coucheur anonyme en a été pour ses frais ! Courageux, l'animal.

Un maire étourdi peut compter sur ses amis !

Le voisin de Braque

J'avais pris l'habitude d'ouvrir la grande salle de la mairie aux artistes locaux. Les expositions de peinture se succédaient. Je veillais au filtrage pour que le niveau artistique soit le meilleur possible. Quand vraiment je trouvais que c'était sympathique mais « trop amateur », j'expliquais que la salle n'était plus disponible.

Je reconnais que le pire voisinait avec le meilleur et, quand on m'apportait des tableaux ou des dessins très expressifs, mais très loin de ce que nous pouvions exposer, j'avais du mal à expliquer que ce n'était pas tout à fait ce que nous recherchions. Sans vouloir faire de malheureux, je faisais des mécontents. J'ai aussi fait des heureux. Des artistes talentueux qui avaient l'intelligence de vendre leurs aquarelles à des prix accessibles. Un vrai succès pour eux, une réussite pour nous, une joie pour moi de les soutenir et de leur offrir un bel espace.

Un samedi matin arrive un jeune homme avec ses toiles. D'un air distrait, entre deux rendez-vous, deux consultations – j'avais peu de temps pour lui –, il pose un petit tableau représentant l'église sur mon bureau. Je regarde.

— Montrez-moi d'autres tableaux, lui dis-je.

Le jeune peintre me dit que c'est sa vie, la peinture, qu'il peint tous les jours, et à Varengeville le plus souvent, son cadre de vie et de travail. Convaincu, je lui achète une toile, sur-le-champ. Il exposera souvent dans la salle de la mairie, et avec succès. En 2001, je lui propose de réaliser dans l'église un vitrail, un petit vitrail dans le passage vers la chapelle nord.

À la suite d'un accident de voiture, rescapé par miracle, il m'a fait part de ses convictions religieuses. C'est alors qu'il a dessiné un Christ sur la croix que le maître verrier de Reims avait composé. Trois rectangles de verre, gravés et teints dans la masse, laissant apercevoir l'apparition subtile et voilée de « son » Christ. C'est un appel discret à l'interrogation, une composition qui s'adresse aux croyants comme à ceux qui doutent ou ne croient pas en Dieu.

Les autres vitraux de Braque et d'Ubac s'imposent par leur couleur, celui de Braque se réfère à l'arbre généalogique présumé de Jésus, fondé sur les Écritures. Le vitrail de Jean Renut est une expression de sa foi, comme inscrite dans l'au-delà, à peine visible, mais que chacun appréhende clairement.

C'est ainsi qu'un artiste contemporain et inconnu vivra dans l'église de Varengeville aux côtés de l'immense Georges Braque et de son ami Raoul Ubac. J'aime ce vitrail, la chance qu'il nous offre, j'aime avoir imposé cette complicité, ce voisinage. Je pense à Braque, l'homme dans la Bentley grise, que j'ai connu enfant. Il me regarde et approuve.

La place qui ne convenait pas

Lorsque je suis devenu adjoint au maire, en 1977, le vieux cimetière marin n'était pas un sujet problématique. On y enterrait nos morts, évidemment. Personne ne s'inquiétait. Et, quelques années plus tard, l'église se mit à faire des siennes, regardant la mer d'un peu trop près. Les archéologues venus comme un essaim de mouches, virevoltants, pour arrêter cette glissade incontrôlée, nous adressèrent une note : « Interdiction de creuser dans le cimetière, danger pour l'église, on ne touche plus à rien. » Il était temps de réagir.

Nous avons donc aménagé un nouveau cimetière, en face, juste à côté, et j'avais prévu large : un grand champ, des allées bien dessinées par un architecte paysagiste de talent et, pour couronner le tout, un règlement imprécis. Or, je n'avais pas imaginé que, dès l'ouverture du cimetière, on viendrait acheter des concessions pour cinq ou sept personnes d'un coup. L'idée d'être enterré à Varengeville était montée à la tête de certains, qui voulaient s'offrir à moindres frais une résidence secondaire bien placée, avec une vue superbe, dans un lieu calme, face à l'église, et avec un parking bien commode pour les visites des amis et des parents. Ils voyaient grand ! Des places pour toute la famille, et pourquoi pas les amis ? Et pour longtemps, bien sûr.

J'avais été naïf : je n'avais pas imaginé que mes « clients » ne viendraient, en réalité, s'installer que cinquante ou soixante ans plus tard, et peut-être plus encore avec le vieillissement inexorable de la population.

Entre-temps, comment ferais-je, moi, maire, pour enterrer les morts, si les places étaient prises d'assaut par les jeunes ? Un maire est obligé d'enterrer tous ceux qui meurent dans sa commune, habitants ou visiteurs d'un jour, c'est la loi.

Il m'a donc fallu réviser le règlement : interdiction d'acheter une concession avant l'âge de 70 ans, pour les habitants de la commune uniquement et pas plus de deux places dans chaque caveau. Cette règle s'appliquerait sans exception, mais j'avais ajouté, méfiant, sauf cas exceptionnel, sur décision du maire. D'un coup sec, les hordes d'envahisseurs furent stoppées et frustrées.

« Alors, lui, il a pu acheter une concession. Il a quarante ans et moi je dois attendre soixante-dix ans, c'est scandaleux. »

Je m'attendais à recevoir ces plaignants.

Au fil des ans, le nouveau cimetière se remplissait à une allure impressionnante. Ces morts, je les connais presque tous, leurs visages s'inscrivent dans ma mémoire, c'est le cimetière des vivants. J'y ai ma place, que je n'ai pas choisie. La secrétaire de mairie a suivi l'ordre des prétendants, comme elle devait le faire pour chacun. J'imagine que j'ai maintenant soixante-dix ans, puisqu'elle m'a attribué une concession, pour deux. Mes voisins sont des amis du village. Ils seront, j'espère, ravis de m'accueillir.

Mais, avant de les retrouver (je ne suis pas pressé), plusieurs moments surprenants me viennent à l'esprit.

Je me suis trouvé un jour dans une situation pour le moins cocasse. Deux de mes concitoyens arrivent dans mon bureau et me disent qu'ils ne sont pas contents de la concession qui leur a été vendue.

— Ah, pourquoi vous n'êtes pas contents, pourquoi ? J'ai du mal à comprendre !

— Nous détestons nos voisins, venus acheter après nous, et nous voulons changer de place.

Entre le fou rire et la consternation, j'hésite.

— Ne riez pas, monsieur le maire, ce n'est pas drôle, on les déteste, nos futurs voisins.

Ayant d'autres rendez-vous, je leur propose de se débrouiller.

— Faites un échange avec qui vous voulez, dis-je, mais, moi, je ne vous rachète pas votre concession, désolé. La place que vous avez achetée est votre propriété, à vous de voir !

Et, à ma grande surprise, ils ont trouvé un « pigeon » pour échanger leur place contre une autre ! On est en Normandie, dans le pays de Caux, les négociations vont bon train.

Tout ne fut pas toujours aussi drôle dans ma vie de maire chargé de gérer le cimetière. Je n'oublie pas cette famille effondrée qui avait perdu un enfant, le drame absolu. Je n'ai pas appliqué le règlement. Je n'oublie pas ceux dont la mère venait de décéder loin du village, seule, qui me demandaient de pouvoir l'enterrer avec sa famille. Je n'ai pas respecté le règlement.

Parfois, c'était trop, des vacanciers en larmes, l'accident de voiture d'un cousin dans le Midi, ils n'ont pas de « solution », me disent-ils : « Alors, monsieur le maire, vous ne pouvez pas nous refuser le cimetière. » Je refusais. Dans ces circonstances pénibles, je m'attendais au pire, la souffrance est extrême, les paroles incontrôlées. J'écoutais, je me disais qu'à leur place je serais peut-être, moi, différent, comment le savoir ? Et j'étais obligé de fixer des limites à ce que je pouvais accepter, sinon comment tenir le cap ? Et il m'est arrivé d'entendre au conseil municipal : « Ah, monsieur le maire, vous avez accordé à la famille X ce que vous avez refusé aux Y »...

Incapable de donner les raisons de mes positions en apparence contradictoires, en réalité explicables, je ne répondais pas. Je garde pour moi ce qui m'a amené dans un cas à faire une exception et dans l'autre à refuser. J'emporte mes secrets.

Je recevais de nombreuses lettres d'amoureux de l'église, me demandant d'acheter une concession dans le « merveilleux cimetière marin », mais le règlement était précis, je ne pouvais y déroger.

Un habitant du village, intime du Premier ministre de l'époque, me téléphona.

— J'achète ma place, monsieur le maire, je passe à la mairie cette semaine.

— Mais vous n'avez pas soixante-dix ans, cher monsieur.

— Non, mais c'est moi, monsieur le maire.

Je connaissais l'arrogance de certains et leur façon de souligner leurs accointances avec les puissants de ce monde, et ça m'agaçait. Leurs menaces voilées et le ton dont ils avaient peut-être l'habitude dans leur vie professionnelle me laissaient froid. Je maniais avec plaisir l'ironie pour leur répondre, et, dans ce cas précis, l'homme important attendit d'avoir soixante-dix ans pour cet achat fondamental, comme moi-même, ai-je eu la joie de lui préciser. L'impatient dut attendre.

Le maire et « son cimetière », une histoire sans fin.

Philippe Anthonioz

Le nouveau cimetière, tristement, se remplissait. Il manquait un signe fort, une passerelle entre l'ancien cimetière, face à la mer, et le nouveau, plus en retrait. Il manquait une onde spirituelle, œcuménique, qui ferait le lien entre eux. Il manquait un rappel à l'ordre, au-dessus des tombes, rien d'écrit, mais une œuvre qui nous dirait : Braque et Ubac sont en face, ici vous êtes leurs amis, en voisins, soyez dignes d'eux.

Il manquait une croix qui parlerait aux vivants, aux familles, aux visiteurs. Et ce fut cette croix, sur un socle en silex, une croix qui a des ailes et qui défie le temps. Cette croix s'envole, pleine d'espoir, regarde la mer du haut de son mât. Elle nous invite à naviguer vers d'autres horizons. C'est Philippe Anthonioz, élève de Diego Giacometti, célèbre et talentueux sculpteur, qui a réalisé cette œuvre.

Là, à la proue d'un navire qui mène au paradis, l'oiseau de Philippe Anthonioz regarde les tombes et protège les morts.

Le jardin qui n'est pas un jardin

Comme souvent, il voulait me montrer son jardin, nous étions en septembre. J'aimais son jardin. Mon préféré. Peut-être parce que je n'y connais rien et que son jardin n'est pas un jardin, j'étais fasciné. Depuis la petite terrasse, à l'extérieur de la maison, je voyais l'été une mer de coquelicots, de bleuets, le bleu se mélangeant au rouge, comme si un peintre était venu là, dans cette prairie, avec sa palette magique, nous faire partager son talent. J'étais ému par cette composition qui semblait venir du ciel, tout naturellement.

Et l'artiste m'expliquait : « C'est le fruit du travail, un travail de titan, tout ici est semé, planté, méthodiquement. Plus loin vers la mer, promène-toi, regarde, il n'y a pas d'alignements, pas de massifs taillés au cordeau, ici, on respecte la nature, le vent, les orages, le temps, les courbes. Sur ce terrain impraticable, nous avons tout asséché, créé des rigoles pour que l'eau s'écoule, planté ces buissons de rhododendrons et d'azalées. On a taillé les petits arbres pour dégager la vue. Pas de ruptures, pas de jardin thématique, on veut que les plantes soient heureuses. Ici, les plus rares d'entre elles voisinent avec les noisetiers, il faut qu'elles s'aiment. Au fond, qu'ai-je voulu réaliser ? Une concentration d'émotions, pour le promeneur que tu es, face à la beauté infinie de la nature. »

En l'écoutant, je regardais la mer, la mer qui s'échappe, précédée de petits arbres et de grands, qui se parlent entre eux, dans un ordre indéfinissable, comme il le souhaitait. Tout est évident, tout semble facile, tout est léger, mais comment est-ce possible ? Il me répondait : « Des années de travail incessant, il faut du temps, beaucoup de temps, quelle que soit la saison. On y veille avec Éric, Robert, c'est notre puzzle, notre secret. Écoute, marche sur cette terre, tu comprendras comme il vit, ce jardin, avec ses morts et ses vivants. »

À chaque visite, je voyais une autre peinture, l'hiver la prairie à l'abandon, au printemps la renaissance des arbres. Une œuvre d'art. C'était son territoire, le maître d'un empire entre l'invisible et le visible. Derrière ce qui pouvait passer pour un désordre, je compris qu'il y avait du génie, créatif. Le chef d'orchestre connaissait sa partition et inventait sans cesse.

À la mairie, il me conseillait : « Tu devrais installer des bancs confortables et simples, tu devrais éviter les fleurs, mais planter des arbustes dans le village, tu devrais faire classer les talus, éviter les ronds-points, n'élargis jamais les routes. » Je l'écoutais. Ses avis m'étaient précieux.

On se voyait souvent, une amitié profonde nous liait.

Je connaissais deux autres de ses créations, dans le Gard et, surtout, dans le Montana. J'étais allé monter à cheval dans ce ranch immense, et quelle n'avait pas été ma surprise lorsque le propriétaire m'avait annoncé le nom de celui qui avait inventé ces buttes immenses qui protégeaient du vent les maisons voisines.

Le jardinier était injoignable, il m'avait expliqué qu'il vivrait sans portable et sans ordinateur, et il tint parole. Il n'avait pas d'agenda et oubliait ses rendez-vous. Mais il sut me trouver quand vint la menace des éoliennes. Il m'écrivit : « Je t'en supplie, n'accepte jamais cela, laisse souffler le vent sans t'en servir, ne parsème pas sur notre sol ces immenses graines bétonnées qui me font peur, et qui violent la nature. »

On se téléphonait, on parlait, le village lui tenait à cœur.

Depuis quelques années, je le savais malade. Il m'avait dit comme il souffrait. Il était jeune, une soixantaine d'années, ses yeux plus bleus que jamais, c'était en août 2015, il me dit au téléphone qu'il n'en pouvait plus et qu'il allait partir. Je le crus.

Le 3 novembre, il prit un fusil de chasse et se tua. Pascal Cribier, mon ami jardinier.

Éoliennes

C'est ainsi que, touché par les arguments de Pascal Cribier, je ne voulus pas engager la commune sur cette question des éoliennes sans bien réfléchir avec les membres de notre conseil municipal.

Tout commença par la visite de messieurs qui se disaient « opérateurs ». Élégants, ils étaient venus à deux. Très agréables au début de l'entretien, nettement moins à la sortie, ils m'expliquèrent avoir identifié une zone dans la plaine, éloignée des habitations, loin d'un bâtiment classé monument historique et avec un réel potentiel pour y installer des éoliennes. « Pas de nuisances sonores pour vous, monsieur le maire », me dirent-ils. Et ils ajoutèrent : « En plus, nous vous faisons une belle proposition financière. Pour cinq éoliennes de 2 mégawatts chacune (je ne savais pas trop ce que voulait dire 2 mégawatts mais, en voyant leur visage, je comprenais que c'était gros), vous pouvez recevoir 70 000 à 100 000 euros environ pour la commune par an. »

J'avoue que c'était énorme – si c'était exact –, pour une commune dont le budget était de 800 000 euros environ en l'an 2001 !

Mais le promoteur n'avait pas terminé son travail de commerçant. Je compris alors l'empressement de certains propriétaires fonciers venus me voir avec nervosité, doublée d'un agacement face à mon mutisme.

« Chaque éolienne rapportera au propriétaire du terrain environ 7 000 euros par an et pour un bail emphytéotique de quinze ans. S'il y en a cinq, vous voyez, monsieur le maire, c'est significatif. »

J'avais bien compris. Je savais que le maire ne pouvait s'y opposer si le préfet prenait la décision. Il me fallait être diplomate et convaincant. Je me doutais aussi que la position du maire et celle du conseil étaient importantes : les préfets n'aiment pas trop aller à l'encontre des élus s'ils lui sont profondément opposés, avec de bonnes raisons. Et il y avait cette nuisance esthétique qui allait gâcher le paysage. Je ne voulais pas massacrer cette vue sur la plaine, voir les éoliennes depuis nos balades sur les chemins de randonnée ou en visitant le fameux manoir d'Ango. Je n'avais pas envie de laisser derrière moi en héritage ces pavés de béton enfouis pour l'éternité, socles monstrueux.

Aujourd'hui, à vélo, je sillonne les petites routes, me régale, regarde ces horribles oiseaux blancs, au loin, et me réjouis que nous ayons pu résister.

Pas d'éoliennes à Varengeville : Pascal, tu avais raison.

Le peintre et l'écrivain

Son physique est un peu sec, il est grand, mince et raide. Il se promène beaucoup et salue d'un petit signe de la tête ceux qu'il croise. Il marche vite comme s'il avait chaque jour un rendez-vous précis. Il peint tous les jours à heure fixe et écrit quotidiennement un journal ininterrompu. À la fin de l'année, il édite à ses frais le livre de ses impressions, de ses visites, de ses rencontres, et accumule des ouvrages sur sa vie, ses idées, ses réactions, ses opinions, comme si c'était toujours intéressant.

Il se moque de ce que l'on pense de lui et sait que l'on n'est pas obligé de le croire et encore moins de l'approuver. Ses mémoires, ou plutôt ses croquis du quotidien, sont, pour moi, d'une méchanceté incomparable, il n'a pas son pareil pour vilipender ceux qui lui déplaisent. J'en ai fait l'expérience et subi ses sarcasmes comme ses compliments.

Ses opinions politiques, à l'opposé des miennes, étaient révélatrices d'un tempérament insupportable. Quand nous avions rendez-vous, le moindre retard le rendait fou de rage et la contrariété l'horripilait. Si je lui résistais, exprimais un désaccord ou, pire, un refus, je savais qu'il prendrait le soir même sa plume vengeresse. Mais si je le suivais et l'approuvais, je me retrouvais encensé.

Sa peinture intrigue, que veut-il dire ? Ses paysages, ses aquarelles, ses gravures sont l'expression d'un grand talent. Sa peinture religieuse me fait peur et me dérange. Pour des raisons que je n'ai jamais pu comprendre, un président de la République est intervenu pour que son œuvre puisse prendre place aux côtés de Braque, dans l'église, sous la forme d'un vitrail. Cette idée m'a tétanisé. Mais l'homme, inflexible, a mis une condition : que les Ateliers Simon soient les maîtres verriers. Or, Charles Marq, consulté, l'a convaincu que son art était pictural. « Braque et Ubac n'auraient pas compris », m'a dit un jour Charles Marq, qui ne manquait pas d'humour.

Je trouvais que son Christ Rédempteur avait la mine sinistre, il m'a répondu qu'il était « d'une sereine gravité », il voulait que son tableau « au fond de l'église et en cette position, bénisse les fidèles en les regardant avec tendresse ».

— Qu'attendez-vous ? lui ai-je demandé.

— J'aspire à l'attachement d'un dialogue silencieux, mais néanmoins substantiel, entre mon œuvre et les êtres qui en ont la révélation, m'a-t-il répondu, modeste.

— Et pour ceux qui ne sont pas croyants ?

— Pour eux, par suite d'une réceptivité moins prompte, l'accoutumance entraînera une perception que n'a pas provoquée la première rencontre.

Je restais sans voix.

Il me prenait pour un égaré, espérait me troubler à défaut de me convaincre. De sa belle écriture, chacune de ses lettres est un tableau ; il m'écrivait souvent à la plume. Et j'étais sensible aux « pleins et aux déliés », toujours à l'encre noire, quels que soient les raisons et le lieu.

— Monsieur le maire, si nous marchions ensemble, me proposait-il.

J'ai la nostalgie de ces promenades et du partage de nos désaccords, Michel Ciry.

Le mystère des artistes

Je reçus ce jour-là la visite de Jacques Klein, qui m'apportait une note « Isabey à Varengeville ». Un autre jour, une étudiante, Sylvie Dronet, me fit un cadeau, son mémoire de maîtrise sur les artistes du village. Souvent, étudiants, chercheurs, écrivains, journalistes m'interrogeaient ou me racontaient leur lien avec ceux qui avaient écrit, peint, rêvé dans Varengeville.

Entre ceux qui y ont vécu, qui y ont séjourné ou qui y furent invités, la foule est impressionnante. Les peintres, d'abord.

Le premier, Eugène Isabey, choisit Varengeville en 1853 comme résidence d'été dans une petite chaumière, pour que sa femme respire l'air marin. Dans les années 1880, Claude Monet peindra ici une centaine de toiles, dont *La Cabane de garde-côtes*, sur les falaises, dite « Cabane du douanier ». Il représentera l'église à contre-jour, deux tableaux du même point de vue, l'un par temps gris, l'autre au coucher du soleil. Au même moment, Jean-Francis

Auburtin peint lui aussi cette même cabane, disparue. Il a vécu à Varengeville et y est enterré. Une exposition audacieuse à Giverny, en 2019, a présenté les toiles des deux peintres et j'avoue avoir préféré celles d'Auburtin à celles de Monet !

Le XXe siècle est inauguré à Varengeville en 1900 par Camille Pissaro, qui vient exécuter sept tableaux trois ans avant sa mort. Félix Vallotton et son ami Pierre Bonnard séjournent et croisent dans le village Claude Monet et Auguste Renoir. La beauté du site commence à être connue et se diffuse grâce à ces visites multiples. Jacques-Émile Blanche, qui vit à Offranville, amène ses amis chez les Mallet. C'est ainsi que, grâce à lui, Jean Cocteau, Degas, Proust, Gide, Debussy, Mauriac et Stravinsky connaissent le village.

L'un des hôtes les plus actifs est Paul Nelson, élève d'Auguste Perret, architecte américain, marié à une Varengevillaise, célèbre pour avoir dans les années 1930 élaboré avec Calder, Miró et Arp un concept de « maison suspendue ». Sa maison est un lieu de rencontres, où il reçoit, entre autres, Matisse, Miró, Calder, Kandinsky, Fernand Léger, mais surtout Georges Braque, qui s'installe dès 1929. Braque invite Prévert et Ubac. René Ménard, lui aussi, est un hôte important de Varengeville, pour sa « bande noire », surnommée ainsi parce que ce groupe aimait les sombres harmonies.

Plus tardivement, une femme de lettres, Marthe de Fels, reçoit dès 1938 une foule d'intellectuels et tient un salon littéraire dans sa maison, « La Bétulie ». Ce village, elle l'a connu grâce à Claude Monet. Ses goûts étaient pour le moins éclectiques, on croise chez elle André Maurois, Saint-John Perse, Paul Morand, Jean d'Ormesson, Jean Paulhan ou encore Étienne Wolff, biologiste.

Par la suite viendront Jérôme et Jean Tharaud, André Breton, auteur de *Nadja*, qu'il écrira dans une villa en face du manoir d'Ango, Roland Dorgelès et d'autres.

La concentration de cette faune artistique n'a cessé de m'intriguer. Victor Brauner m'a dit un jour que « c'est la lumière » et, pourtant, le lieu n'est pas facile. Raoul Camuset, ingénieur et peintre, disait, lui, que « ce sont les couleurs » ; Michel Ciry, que « ce sont les paysages »... Les couleurs n'y sont pas charmantes, comme dans le Sud, mais elles sont fortes et belles, « sombre mais strident, frangé de vert bouteille »... « Rouge éclairci du bleu ciel, mais... ocre », écrit Prévert.

J'aime les ciels roses d'Auburtin, le blanc, le beige des falaises, j'aime regarder la Manche qui, à chaque instant, nous offre un spectacle différent, un polyptyque éternellement en mouvement. J'y reviens toujours, attiré par cette lumière mystérieuse dont je n'ai jamais percé le secret.

Un caniveau

Nous rentrions à Paris le dimanche soir, car les enfants étaient petits et nous devions tous être en forme le lundi matin, pour l'école et le bureau. Les jours d'élection, je me devais de présider les opérations de dépouillement, de signer les registres et de porter les papiers et les bulletins de vote au chef-lieu du canton. Les enfants m'attendaient dans la voiture en se bagarrant plus ou moins, fatigués ; il était tard. Ma femme fermait la maison et nous partions le plus vite possible.

Arrivés au chef-lieu du canton, ce dimanche-là, je dépose les enveloppes mais, au moment de les remettre au conseiller général qui nous attendait, elles ont disparu. Panique à bord. Où sont les enveloppes ? Une blague des enfants ? Un oubli dans la mairie ? Je décide de retourner à la maison et de repasser à la mairie. Je les avais en fait posées sur le toit de la voiture. Elles avaient glissé et élu domicile dans le caniveau. Le dépouillement a été compliqué, ai-je expliqué.

La vie d'un maire, penaud.

Une nuit sans mes clefs

Ce vendredi, j'avais quitté mon bureau de Paris dans la précipitation. Lorsque j'arrive à la mairie pour le conseil municipal à 20 heures, je me rends compte que j'ai oublié les clefs de la maison. Il est tard et je ne sais pas trop où dormir.

J'appelle Georges Foulon, le facteur, qui me connaît depuis l'enfance. Les Foulon ne peuvent pas me proposer de rester chez eux, il n'y a pas de chambre d'amis. Ils me proposent de dormir chez leur fille, institutrice, qui dispose d'un petit appartement de fonction au-dessus de la mairie.

— Nous avons les clefs, vas-y, me disent-ils, aucun problème, elle est à Paris.

Après le conseil, nous dînons ensemble, et tard, très tard, je monte l'escalier invisible de la rue et entre chez leur fille. Dans le village endormi, nulle âme qui vive. Le lendemain, rendez-vous à la mairie, retour à Paris en fin de journée.

Au conseil suivant, un mois plus tard, l'un des conseillers municipaux m'interpelle gentiment avec un sourire en coin :

– Alors, monsieur le maire, on s'amuse, elle est jolie, l'institutrice !

On m'avait vu ! Je ne sais comment ! Impossible d'expliquer ! Rien à faire ! L'anonymat de la grande ville est une bénédiction !

Un maire n'est jamais à l'abri. On m'en parle encore.

Au milieu du troisième mandat

À mi-mandat, au milieu de mon troisième mandat de maire, je regardai ce qui avait été fait : l'église, l'école, la pharmacie, le gymnase, la mairie, les routes, l'éclairage public, les panneaux de rues, et j'en oublie. La vie associative était plus dynamique que jamais. Notre secrétaire de mairie avait pris sa retraite, et son adjointe – très compétente – lui avait succédé. Le personnel municipal était de qualité. Au conseil municipal, je fis élire un troisième maire adjoint pour renforcer « l'exécutif ». Le budget était plus important, les recettes atteignaient maintenant les 900 000 euros, les impôts étaient stables.

De par la loi, le plan d'occupation des sols (POS) était devenu depuis des années obsolète et le plan local d'urbanisme (PLU) lui succédait. Nous entamions le long processus qui allait conduire à sa mise en place. J'étais décidé à profiter de ce nouveau PLU pour figer les espaces verts, protéger les talus et les arbres, réglementer toutes les constructions autour des monuments classés.

Bref, c'était une belle occasion d'entendre les associations et les habitants afin de recueillir leur point de vue et dessiner une nouvelle stratégie pour la protection et le développement du village. Je savais que ce serait long, deux ou trois ans, mais nous avions le temps. J'ignorais alors – c'était en 2005 – que la loi ALUR viendrait quelques années plus tard remettre en cause notre travail. Loi funeste s'il en fut. Ce n'était que le début d'un long chemin qui nous mènerait au schéma de cohérence territoriale (SCOT) et à une autre révision du PLU. On n'en a jamais terminé avec toutes ces révisions et, pour maintenir le cap, bon vent, bon courage, les maires !

En mon for intérieur, je m'interrogeais et, pour la première fois après tant d'années, je ressentais une forme de lassitude. Le troisième mandat était plus difficile. J'étais heureux de ce qui avait été mis en place, et je me demandais ce qui nous restait à faire. Je sentais que l'équipe des conseillers municipaux avait besoin d'être renouvelée. Certains étaient venus me voir pour me prévenir qu'ils ne se représenteraient pas. Quant à moi, était-ce la fatigue, l'accumulation des tâches à accomplir, l'évolution des comportements de mes « citoyens », les exigences de l'administration, la complexité des textes, la routine, l'envie de liberté ? Je ne sais pas.

Je commençais à douter mais, pris dans le feu de l'action, il me restait trois ans pour terminer ce mandat et je n'avais d'autre choix que de poursuivre ma route.

Figaro

Parmi mes « paroissiens » vivait Michel Caro, coiffeur de son état, personnage attachant et fantasque. Une lettre manuscrite m'avait été adressée, à la mairie.

> « Monsieur le maire,
> Je reçois prochainement l'ordre national du Mérite, et je serais heureux que vous soyez à mes côtés, ce sera au Sénat.
>
> Michel »

Le jour dit, je m'y rendis pour féliciter mon ami. « Petit escalier à droite en entrant », m'indiquait l'appariteur. Sur le mur, une pancarte « Cérémonie pour Michel Caro, 1er étage gauche ». À peine avais-je mis un pied sur la première marche que je vis Jean-Pierre Chevènement. Je pensai : « Il y a probablement une autre cérémonie. » Mais il m'interpella : « Vous venez pour Caro ? – Bien sûr », lui dis-je, étonné de réaliser que Michel avait invité l'ancien ministre de l'Intérieur. Je n'étais pas au bout de mes surprises. Je lui demandai :

— Savez-vous qui lui remet cette belle médaille ?

— Bien sûr, dit Chevènement, c'est Claude Bartolone, le ministre de la Ville.

Au premier étage, qui vis-je ? Le président Giscard d'Estaing. Que du beau monde, pensais-je. Dans la petite salle réservée, je vis Claude Bartolone, Giscard, Joxe, Chevènement, députés, sénateurs, autour de notre Figaro. Un auditoire ministériel.

Bartolone prit la parole. Un discours ciselé, sur le thème du *Barbier de Séville*. Il amusa la galerie, fin comme un marsouin, brillant, se moqua gentiment de Michel. Giscard rit ; Joxe, d'habitude sérieux comme un pape, éclata de rire. Chevènement me glissa à l'oreille : « Savez-vous que Caro est venu me coiffer quand j'étais dans le coma au Val-de-Grâce ? » Je commençais à comprendre.

Bartolone continua, expliqua que Michel était le coiffeur des hommes politiques de tous bords, dont le salon, juste en face de l'Assemblée nationale, était le temple des confidences. Bavard invétéré, sorte de Carmen Tessier d'un nouveau genre, passeur d'indiscrétions, de rumeurs, mais tellement sympathique ! Il poursuivit, évoqua le rêve de notre barbier, sa maison à Varengeville, en profita pour saluer « le maire du village, présent parmi nous ».

Applaudissements.

Bartolone excellent. Caro enchanté. Chacun attendait la réponse de Michel. Un brin d'inquiétude se lut sur les visages, car il bafouilla, dit deux ou trois mots, s'arrêta, hésita, et se lança :

— Ah, oui, merci, je veux tous vous remercier pour ma maison ! Oui, ma maison de Normandie, ah, merci de m'avoir avancé de l'argent.

Stupeur dans l'assemblée. Silence, sourires en coin. Sourcils froncés, lorsqu'il ajouta :

— Il faut que je vous le dise, je ne vais pas pouvoir vous le rendre facilement.

Chevènement se marra, Bartolone était plié en deux. Et Beaumarchais d'ajouter, acte V, scène III :

> « Bartholo :
>
> — Souviens-toi qu'un homme sage ne se fait point d'affaire avec les grands.
>
> Figaro :
>
> — Je m'en souviens. »

Le barbier de Varengeville se moquait des « grands » et il avoua :

— Je vous rembourserai en coupes de cheveux !

Giscard comprit que, pour lui, c'était une mauvaise nouvelle. Il n'avait plus de cheveux depuis longtemps. Je lus sa déception. Les autres s'en doutaient, avaient avancé quelques sous à Figaro pour qu'il puisse acheter cette petite maison, sans imaginer un instant retrouver leur mise.

Figaro conclut : « Merci à tous ! À bientôt, rue de Bourgogne, au salon. » Il aurait pu ajouter, comme Beaumarchais :

> « Et, mon Dieu, Monseigneur, c'est qu'on veut que le pauvre soit sans défaut. »

Michel était pardonné, ses défauts effacés, une médaille méritée !

À Varengeville, il avait la maison de ses rêves et la mer près de lui.

Un samedi matin pas comme un autre ?

Comme tous les samedis, je reprenais mes consultations. On n'imagine pas ce que l'on demande au maire.

Celui-là ouvre une fenêtre qui donne sur le jardin de son voisin. Il n'a aucune autorisation pour le faire, se croit tout permis et entre ainsi sans prévenir dans l'intimité de la famille. Je le convoque, il est furieux, n'a aucun doute sur lui-même, m'explique « que c'est [son] droit », ajoute « on est plus en liberté » et trouve l'argument qui, selon lui, fera choc : « Lui, rue X, l'a bien fait et on lui a rien dit, c'est qu'il est bien avec le maire. » Je reste calme, lui signifie que je vais lui demander de reboucher l'ouverture et que, s'il ne le fait pas, on ira voir les gendarmes. Il se lève, claque la porte. Je ne lâche pas, il ne fait rien : lettre recommandée et visite des gendarmes. Il changera d'avis.

Le second visiteur vient me demander pourquoi son permis d'agrandir sa maison a été refusé. Je lui explique que son projet est trop important, contraire aux règles de l'urbanisme et qu'il doit revoir sa copie et proposer une formule plus modeste. Il réagit, m'explique que c'est impossible, que je ne comprends pas ce qu'il dit. Il devient désagréable, hausse le ton : « Dans un autre village, ce serait possible ; ici, avec vous, on ne peut rien faire. » Je garde mon calme, il ne veut rien entendre, et je lui dis que c'est terminé. Il a le choix, ou faire une autre demande, ou renoncer à son projet.

Un autre, président d'une des nombreuses associations du village, m'explique qu'il a besoin d'une subvention.

— Mais je ne comprends pas, lui dis-je, vous en avez déjà une et vous l'avez reçue.

— Oui, mais je voudrais qu'elle soit plus conséquente.

— Ah, pourquoi ?

— Oh, des frais, monsieur le maire, beaucoup de frais.

Je lui réponds que le budget est voté une fois par an et qu'il est sur la liste des subventions accordées à toutes les associations.

— Mais certaines ont plus que d'autres, me dit-il.

Détestable, cette habitude de toujours regarder dans l'assiette du voisin. Il repart, déçu et mécontent.

Une jeune fille entre dans mon bureau, fille d'un de nos employés municipaux. Elle me donne son CV et me demande si je peux lui trouver un stage, pour valider son master. Elle m'explique qu'elle fait des études en droit fiscal et social. Je tombe des nues. J'avoue être à la fois surpris et séduit. Je me dis que c'est une journée pas comme les autres et que je vis une belle rencontre. Je lui ai trouvé un stage dans le service juridique d'un grand groupe. Pur moment de bonheur de pouvoir donner un coup de main à cette jeune fille, une belle leçon pour nous tous. Un samedi ensoleillé, grâce à elle.

Quelques grincheux viennent compléter l'agenda : disputes entre voisins, encore, vieilles rancœurs qui remontent à la surface, désaccords entre deux conseillers municipaux, préparation du prochain CCAS, un œil sur les dépenses et les subventions, le menu habituel. Il est tard, je rentre.

Aux forceps

La créativité de l'État est sans limites. Nous n'avions pas assez avec le département, la région, l'Europe, non, il fallait inventer la communauté d'agglomération, dite « agglo ». On se débrouillait bien sans « l'agglo », mais on nous expliqua que cette nouvelle strate administrative était nécessaire.

Le sous-préfet fit la tournée des villages pour vendre son nouveau totem, « l'agglo ». Il présentait ce projet comme un remède miracle, on aurait dit un mauvais vendeur de cosmétiques. Incapable de nous convaincre de l'utilité de son produit pour la santé de notre commune, il s'acharnait à nous expliquer que la vie serait meilleure grâce à cette potion magique.

— On vous aidera ! On prendra à notre charge de nouveaux services pour vous séduire.

Je lui dis :

— Expliquez-nous à quoi servira cette communauté d'agglomération pour nous, petit village ?

— « L'agglo » sera pour l'aménagement de l'espace, le tourisme, les espaces verts, les équipements sportifs, culturels, l'équilibre social de l'habitat.

— Ah ! Bon, parfait pour les villes, mais pour nous, monsieur le sous-préfet, pour nous, petite commune de mille habitants ? Les touristes, nous en avons, les équipements sportifs, nous les avons, l'aménagement de l'espace, c'est fait, l'équilibre social de l'habitat, nous le réalisons, alors, ça va nous apporter quoi ?

Le sous-préfet se mit à bredouiller.

— Vous avez raison, monsieur le sous-préfet, l'agglomération aura un mérite, des impôts en plus. Pour la grande ville, c'est positif, pour nous, c'est inutile.

Nous avions bien compris.

Monsieur le sous-préfet avait reçu des instructions. « Il faut que vous nous apportiez "l'agglo" rapidement, avec Dieppe et les villages… Faites en sorte que ça se passe bien, et vite. »

Nous passâmes au vote. À l'unanimité, le conseil municipal vota contre. Nous souhaitions rattacher notre village à d'autres villages, nos cousins qui, comme nous, regardaient vers la mer et la campagne. Nous ne voulions pas être les vassaux de la grande ville, qui de fait nous dominerait. Je demandai qu'on nous laisse tranquilles, en expliquant que c'était une aberration, ce rattachement aux forceps.

Le sous-préfet avait un point de vue opposé. Pour lui, il devait aboutir, peu importe si quelques Mohicans insolents osaient s'opposer à la machine administrative. Tel un rouleau compresseur, il avançait. Pour cela, il disposait d'une arme fatidique, la loi. Il pouvait nous inscrire de force dans son « agglo », quelle que soit la position des élus municipaux. Ce qu'il fit.

Varengeville est de facto dans « l'agglo ». Le maire de campagne que j'étais pouvait s'agiter comme un pantin, peine perdue. Nous sommes là, au milieu de seize communes, dominés par Dieppe, le mastodonte. Il serait bon de s'en aller, mais c'est impossible, un cauchemar procédural. Le plus drôle, c'est que j'ai reçu une lettre me demandant mon relevé d'identité bancaire (RIB), car j'étais vice-président, comme tous les autres maires. Une indemnité fut allouée à chacun ! Mon RIB est resté dans les tiroirs. Je n'ai jamais siégé dans cette « agglo ».

Un maire sans pouvoir n'a rien à dire.

Le mille-feuille

En trente et un ans à la mairie, je n'ai jamais reçu la visite d'un conseiller régional, d'un conseiller général, d'un député, d'un sénateur pour me proposer d'échanger sur ma vision, leur vision, nos besoins, nos objectifs. J'aurais aimé ces séances de travail, comme j'en ai l'habitude dans le monde de l'entreprise. J'aurais voulu étudier la meilleure façon de collaborer positivement. Aucun de ceux-là n'a jamais organisé une réunion de réflexion stratégique pour envisager l'avenir, au besoin avec quelques-uns de mes collègues maires.

Certes, ils sont tous venus inaugurer, prendre la parole. Ils ont tous répondu à nos courriers, nous ont apporté l'aide financière dans nos projets, mais pour réfléchir ensemble, se poser de bonnes questions, voir comment améliorer nos méthodes de gestion, jamais.

Parlons-en, de ce mille-feuille territorial.

Je connaissais notre conseiller général, car il était maire de la grosse ville du canton. Je le voyais souvent, nous bavardions. Aujourd'hui, ils sont deux, ce sont des conseillers départementaux – je serais incapable de dire pourquoi ils sont deux et ce qu'ils font de plus à deux –, il y a une femme et un homme, évidemment ! La parité !

Parmi mes conseillers municipaux, peu d'entre eux étaient en mesure de m'expliquer la mission du conseil général et celle du conseil régional. Quant aux habitants, oublions. Ils n'y comprennent rien. Ce n'est pas de leur faute ! On a parlé de la simplification de l'organisation territoriale, on ne fait que la complexifier. Les tâches et les responsabilités de chaque échelon sont devenues opaques au commun des mortels, et difficiles à intégrer pour les maires.

Avec cette superposition d'échelons, on comprend bien pourquoi les maires sont les bien-aimés, car nous autres sommes là, bien visibles. On nous trouve, on nous appelle, nous répondons. Peu importe que nous soyons de droite ou de gauche, l'action, le concret, la présence, voilà ce qui compte.

À quand un plan drastique de simplification ? À quand un grand coup de balai pour plus de visibilité, d'efficacité, de réduction des coûts ? Les « papys » font de la résistance, surtout s'ils sont jeunes. Persuadés de leur bon rôle, bien calés dans leur fauteuil, l'« innovation » et le « changement » seraient-ils deux mots inaudibles par ces Martiens ?

C'est le statu quo. Le mille-feuille est blindé, les coups de boutoir repoussés, à l'exception de la bonne décision en 2015 de modifier la géographie des régions, seule initiative concrète en tant d'années. Rien ne change, les strates semblent immuables, scellées dans le béton des ego et des habitudes. Aucune n'a disparu durant mes cinq mandats, une nouvelle s'est invitée au festin territorial, la communauté d'agglomération.

Le maire, lui, est toujours là. La commune est un bloc, un socle démocratique, un îlot de confiance, les gens y vivent et leur quotidien est géré près de chez eux par un élu de leur choix. Dans les conseils municipaux, la démocratie est vivante, se pratique, vit, résiste, se consolide. Les 36 000 communes de France sont une richesse, la plus belle école de formation. La vie locale est ouverte à tous, chacun peut y apporter son expérience, son histoire, son intelligence, son savoir. C'est ce mélange de compétences et de connaissances que j'ai tellement apprécié.

J'ai vu de nouveaux élus perdus au départ devant la complexité des sujets abordés, dont ils n'avaient pas l'habitude, devenir très au fait des problèmes, participer aux discussions avec passion et devenir des acteurs engagés, parfaitement capables de prendre des positions et des décisions. Il est vrai que les maires ont à jouer ce rôle de formateur, ils doivent expliquer, parler clair. Je me suis efforcé d'être pédagogue et, quand je ne comprenais pas certaines questions, je veillais à bien me les faire expliquer avant de les exposer aux autres.

La pratique de la démocratie locale oblige à beaucoup travailler et à progresser soi-même. Les problèmes de toute nature sont si nombreux et si complexes que le maire d'un village, pour se tenir informé et aller de l'avant, est devenu un « manager » de sa commune, à l'affût des nouvelles règles de droit, des textes qui évoluent sans cesse.

C'est un rude métier qui exige ténacité, humilité, et patience.

J'avoue ne pas comprendre comment des femmes et des hommes intelligents ont pu, élus nationaux, interdire totalement le cumul des mandats. Pour les grandes villes, c'est évident. Pour les villages et les petites communes, c'est absurde.

Les conférences TED sont des conférences organisées au niveau international pour donner la parole à des personnalités qui ont marqué leur univers professionnel, quels qu'ils soient. Ces conférences portent sur des enjeux mondiaux, sont accessibles gratuitement et chacun peut les consulter. En 2013, j'ai assisté à une conférence TED de Benjamin Barber, un Américain, écrivain, professeur de sciences politiques à l'université du Maryland, qui parlait de son livre, *If Mayors Ruled the World*. « Et si les maires gouvernaient le monde ? » Eux, dit Barber, ils savent ce qu'est la « vraie réalité ». Avocat passionné de la démocratie, Barber est fasciné par les « maires qui, chaque jour, organisent le changement ».

Pourquoi, en effet, se priver d'une connaissance approfondie et vécue d'un maire de campagne qui porte une parole, au Sénat ou à l'Assemblée nationale, fondée sur son expérience du réel ? Pourquoi ? Pourquoi se priver de ceux qui gèrent la coexistence d'intérêts divergents à longueur de journée ? Les élus nationaux pourraient faire leur miel de cette expérience et éviter ainsi de se trouver parfois « hors sol » !

Le mille-feuille, lui, ne bouge pas. Histoire d'une rigidité française.

Père et maire

Au début de mon mandat, nos deux enfants étaient très jeunes. Souvent, je prenais mon petit garçon sous le bras et, tandis que je travaillais à la mairie, je le confiais à la femme du facteur ou le déposais dans la classe maternelle. Pour notre fils et notre fille, Varengeville est devenu leur village, leur maison. Ils partagent mes racines. Ma femme, qui penchait du côté de la Bretagne, m'a vite rejoint dans cette tanière qu'elle a faite sienne.

Ma secrétaire de mairie m'avait, un jour de 1978, posé la question :

— Vous pensez que vous aurez la chance de marier vos enfants ?

— Si je suis encore maire, lui avais-je répondu, j'aimerais !

Des mariages, j'en ai fait, et même des célébrations de noces d'or ! Tout un rituel. On relit l'acte de mariage, souvent les témoins de l'époque sont morts, les « jeunes mariés » sont entourés de leurs enfants, petits-enfants, arrière-petits-enfants. Un spectacle.

Écharpe tricolore, discours du maire, cadeau de la mairie, fleurs pour madame, photo garantie dans le journal local, le « package » est complet. Je n'assistais pas au « repas », laissais les familles se réjouir et célébrer l'événement. J'aimais bien cette cérémonie, je revoyais ceux qui m'avaient connu « gamin ». Souvent, j'avais déjà marié leurs enfants, je disposais d'anecdotes pour tout le monde. C'était joyeux.

Mais, quand il s'est agi de marier mon fils et ma fille, ce fut une autre histoire. Il ne faut pas faire d'erreurs, plaisanter à tort, évoquer des moments qui ne seraient pas les bons, faire des allusions qui pourraient ranimer des souvenirs oubliés et qui n'ont pas vocation à revivre. J'ai été le témoin de discours de mariage qui se voulaient drôles et étaient tragiques. Il faut faire attention. Pas facile d'éviter la banalité, le piège des mots qui ne disent rien. Il faut trouver le ton le plus naturel, donc juste, avec des silences qui parlent d'eux-mêmes, sans notes, et parler assez fort pour que l'assistance entende. Il faut laisser filer ses sentiments, ce qui n'est pas ma spécialité.

J'ai dit mon bonheur de marier nos enfants. Ému, le maire avait cédé sa place au père. Tout en officiant, je les regardais partir, s'envoler, et je signais moi-même leur « passeport ». Dans le même temps, les nuages passaient dans ma tête. J'avais été si souvent absent. La mairie, le boulot, un vent de culpabilité soufflait. Avais-je eu raison d'en faire autant ?

Ils ont signé le registre, devant moi, et l'acte administratif prit une autre couleur, signature du maire, signature de mon fils, signature de ma fille. Émotion palpable, sous le regard attendri de ma femme, leur mère. Papa est le maire, il officie.

Je les regarde droit dans les yeux, je leur dis tout le bonheur que je leur souhaite, banalité, réalité, ils savent que je les aime.

J'ai marié mes deux enfants, privilège du maire.

Le mandat de trop ?

Quand je suis arrivé à la mairie, je n'y connaissais rien. Second adjoint, puis premier adjoint au maire, j'étais un stagiaire en alternance. La mairie m'occupait modérément. Je cueillais quelques dossiers, comme celui du « mille clubs », et démontrais une efficacité, due au hasard de mes rencontres, qui a légitimé mon élection et ma position dans le conseil municipal. J'ai eu le temps de m'intégrer.

Cependant, la mort brutale du maire dont j'étais le second adjoint m'a propulsé premier adjoint de son successeur. Ce que je n'avais pas prévu. L'omniprésence du nouveau maire me convenait parfaitement. J'avais le temps de me consacrer à ma vie professionnelle, qui m'éloignait du village. J'intervenais par à-coups.

J'étais « du pays », les anciens m'avaient connu enfant. Ils m'avaient vu grandir. Tous savaient que j'habitais Paris et, dans le pays de Caux, on n'aime pas les Parisiens. Je n'en étais pas un, ou plutôt un autre, différent. Beaucoup me tutoyaient, m'appelaient par mon prénom, « le Christian ».

Et je suis devenu maire, douze ans après avoir été adjoint.

Le métier n'est pas le même, je l'ai compris immédiatement. Avec le recul et l'expérience, je mesure comme cette fonction a influencé mon comportement, modifié ma façon de penser, contribué à ma compréhension des réactions humaines. Je vais plus loin, ce métier de maire m'a donné des clefs, appris des leçons qu'aucune école, aucun professeur n'avaient pu m'enseigner. Cette expérience, on peut dire cette formation, cette ouverture vers les autres, ont eu une influence déterminante sur ma vie professionnelle, personnelle, familiale.

J'ai milité des années dans une ONG, dont je fus l'un des vice-présidents, l'Action internationale contre la faim (AICF), devenue Action contre la faim, et, là, je modifiais mes jugements, mes réactions au regard de cette vie parallèle de maire.

Il en est allé de même dans les entreprises dont je fus, très jeune, un dirigeant. Là encore, mon « vécu » à la mairie, semaine après semaine, influençait mes réactions, se reflétait inconsciemment ou non dans ma façon de réagir, d'écouter collaborateurs et clients, d'oser, de décider. En rencontrant l'autre, on apprend à mieux se connaître soi-même !

Je vivais entre deux univers – l'unité d'une vie ne se décrète pas –, et cette dualité me nourrissait au quotidien.

L'entreprise est un lieu de conflits, où les ambitions se croisent et s'affrontent, un lieu de pouvoir où les hommes se mesurent, se combattent. L'entreprise peut aussi détruire par la pression qu'elle exerce sur les uns et les autres. Dans l'entreprise, les erreurs sont courantes et les injustices foisonnent. Les épreuves, fréquentes, sanctionnent ceux qui ne peuvent les surmonter. Certains réussissent et sortent vainqueurs, d'autres, brisés, sont laissés pour compte.

Il y a des exceptions – j'en ai bien connu une –, où l'humanisme cohabite avec l'exigence, où l'obsession de la qualité et de l'innovation voisine avec la culture du résultat, ou plutôt en sont la raison profonde.

À la mairie, j'entrais dans un autre monde. Le temps n'est pas le même, il faut des années devant soi pour réaliser son projet, à condition d'en avoir un. Tout va très lentement. Les moyens financiers sont limités.

J'avais un projet mais, pour agir, on est prisonnier d'un système. La loi, le statut du personnel communal, le budget dont il convient de respecter les contours, peu de marge de manœuvre. Les ressources et dépenses sont encadrées par les règles de la comptabilité publique, pas de carnet de chèques à la disposition du patron, pas de bonus pour les meilleurs, pas de sanctions pour les moins bons.

Et, pourtant, j'étais décidé à m'insérer dans cette rigidité. Coûte que coûte, je devais trouver les failles, entreprendre, faire de mon mandat une opportunité. J'avais le temps. J'avais un rêve. Je voulais laisser une trace dans la vie concrète des gens, c'était sans doute cela mon ambition. Je savais ce que je voulais pour ce village et cette communauté.

Un pays ouvert à tous, où vivent ensemble des hommes et des femmes de toutes origines sociales, je rêvais de petites cités ou de résidences pour accueillir les moins privilégiés d'entre nous. Je rêvais d'une école, d'élèves qui réussiraient à faire de brillantes études. Je rêvais que le passé artistique soit mis à l'honneur, compris, partagé par tous, qu'il s'agisse de la nature, des jardins, de l'église, de l'art en général.

Je pensais que nous pouvions tous accéder ainsi à une meilleure connaissance du monde, tous, en regardant notre histoire, les artistes, écrivains, visiteurs célèbres et talentueux qui avaient aimé le village, écrit, peint. À nous tous d'en tirer parti et d'en profiter pour réfléchir et faire mieux, différemment.

À partir de ces rêves, qu'on peut appeler « vision » – utopique au départ, j'en conviens –, je me suis mis au travail. Ce ne fut pas facile de m'adapter à cet environnement dont je n'avais pas l'habitude et dont j'ignorais les codes. Comme un médecin, je recevais en consultation, face à des problématiques toutes nouvelles pour moi : les difficultés des gens, leur incapacité à trouver des solutions, leur renoncement, leur ignorance des lois, des textes, leur « abandon » devant une réalité qui les dépasse. En « fin de droits », comme on dit, que faire ? Et Varengeville n'est pas un lieu de misère ni de pauvreté lorsqu'on s'y promène. Loin s'en faut ! Mais, derrière cette façade, se cachent des problématiques humaines là comme ailleurs.

Obstacles, joies, irritations, satisfactions, étonnements, colères, déconvenues, j'ai tout ressenti au long de ces mandats exercés si longtemps et avec persévérance. Il m'arriva d'éprouver une profonde lassitude, traversant le défilé des médiocrités, face à la lenteur des services, aux complexités administratives, au manque de réactivité. Mon énergie s'affaissait, en particulier lorsque j'avais d'autres sujets d'inquiétude, dans mon travail ou dans ma famille. C'est long, un mandat de maire. Il faut tenir la distance.

Il m'arriva aussi de connaître de grands bonheurs dans mes relations avec les villageois, les artistes, les visiteurs, les créateurs de jardins. Fort heureusement, le jugement des électeurs s'exprimait tous les six ans, et, à chaque fois réélu, je ressentais une joie profonde. Je repartais avec une adrénaline renouvelée. C'est une forme d'addiction, la mairie ; et l'élection, un moment vitaminé. Confirmé dans mes fonctions, je me sentais audacieux, sans me préoccuper de savoir si je plaisais, adoubé pour continuer. Le sarcasme des uns, les critiques des autres m'agaçaient prodigieusement, mais n'allaient pas modifier le sens de ma route.

À dire vrai, je n'étais pas insensible à certaines remarques qui me blessaient. C'est peut-être la raison pour laquelle je ne suis pas allé plus loin en politique. Je ne me sentais pas en mesure de plonger dans ce marigot. La politique n'attire plus les meilleurs, c'est désolant pour la démocratie. Tout est fait pour décourager les candidats éventuels. On en comprend les raisons. En politique, on est mal traité ; renvoyé par les électeurs à l'occasion d'un vent contraire, on se retrouve à la rue, « ancien député », « ancien maire » ou « ancien conseiller régional ». Bonne chance pour retrouver du travail dans le secteur privé.

La fonction publique est bonne mère, mais pour ceux qui n'en sont pas, c'est la galère. Je n'ose évoquer le « conflit d'intérêts » poussé maintenant à son extrême, qui décourage ceux qui aimeraient prendre des risques et passer du public au privé. Cet ancien député membre d'une commission parlementaire ne peut intégrer cette entreprise rencontrée lors d'une de ses missions, et qu'il connaît à peine ! La haute autorité compétente a barré sa route. Il va ouvrir une maison d'hôtes. Ce sera bientôt la seule possibilité pour les anciens présidents d'entreprises publiques, sénateurs, ministres, d'éviter le conflit d'intérêts, qui règne en maître. Elles vont fleurir, les maisons d'hôtes !

Alors, non, je n'avais pas envie de cela. Même le maire devient oiseau rare. Il y a peu de candidats dans nos villages pour endosser ce rôle trop souvent ingrat. Les listes se raréfient lors des élections. Qui veut être maire ? On ne se précipite plus aux portillons des mairies, pour prendre des coups, être insulté au moindre refus, se retrouver sur ces immondes réseaux dits « sociaux », s'y faire traiter de tous les noms par des citoyens qui se cachent et, scandale absolu, font preuve d'un courage inouï et d'une audace formidable pour vilipender l'un ou l'autre, dans l'anonymat le plus indigne. Qui veut être l'objet d'une telle vindicte ? Pour l'argent ? Certes, non. Pour la gloire ? Laquelle ?

J'étais « patron » de mon village, « patron » dans l'entreprise, je m'en suis tenu là. Alors, pourquoi arrêter à la fin de ce troisième mandat de maire et de mon cinquième mandat d'élu ? Je savais que je serais réélu, pas de fausse modestie, il n'y avait personne en face de moi. Mais pour quoi faire ?

Je ne dessinais plus de projets dont je rêvais. Je ressentais une usure, comme si j'avais terminé mon « cycle ». J'avais la crainte de ne plus trouver en moi l'énergie et la passion qui m'avaient si longtemps nourri, ma vision devenait floue. J'avais peur du mandat de trop, le mandat où l'on expédie les affaires courantes. On s'accroche, c'est pathétique.

J'avais terminé, mais on ne quitte pas un navire sans réfléchir à sa succession, sans penser à celui ou celle à qui l'on va remettre les clefs. J'avais été trop impliqué dans la vie de la commune pour quitter la mairie sans capitaine. Pour passer le flambeau j'avais fait élire, durant ce troisième mandat, un troisième adjoint, me laissant ainsi libre de mes décisions mais renforcé dans ma liberté d'adouber, aucun de mes deux adjoints ne souhaitant me succéder. Le dernier arrivé à bord avait envie de la fonction. Je le savais prêt, avec un autre style, une autre personnalité. Avec lui, on ne changerait pas de cap et tout ce que j'avais construit ne serait pas détruit. J'étais rassuré. Avec le temps, je le suis toujours.

J'ai réfléchi, informé mes adjoints, le conseil, les habitants. C'était le moment. J'avais su arriver. Je devais savoir partir.

Je suis aujourd'hui maire honoraire et on m'appelle encore « monsieur le maire », ce qui me ravit. Le lien entre le village, ses habitants et moi est si fort, si affectif, qu'ici je me sens en famille. Comme Braque. Comme l'écrit Prévert :

« À Varengeville, Braque est en famille et face
[à la mer il lui parle en frère
Elle répond pareil
C'est comme les enfants qui s'appellent mon vieux

Qui s'appellent ma vieille et disent tant de choses
[qu'ils ignorent savoir
Palais des mirages tableaux des merveilles
Il y a un moineau qu'on appelle outre-mer
Couchée sur le sable une barque à l'envers c'est beau
Comme une femme le dos au soleil
Braque c'est encore Braque toujours Braque
La mer toujours la mer
Elle ne lui demande pas ce qu'est la peinture
Il ne lui demande pas ce qu'est la beauté
Dans les tarots de la peinture, Braque est un seigneur
[qui sait que son véritable pouvoir c'est de ne pouvoir
[faire autrement que beau et vivant. »

Chez le boulanger, il y a peu de temps, j'entends : « Alors, monsieur le maire, on remet ça ? »

J'éclate de rire.

Table

Table

Imprimé en France en juin 2023
par l'Imprimerie Maury S.A.S. à Millau (12)
pour le compte des Éditions PLON
92, Avenue de France, 75013 Paris

P31664/02
Dépôt légal : mai 2023
N° d'impression : F23/73310J